En Classe Affaires

MARK STROUD

HODDER AND STOUGHTON
LONDON   SYDNEY   AUCKLAND   TORONTO

ISBN 0 340 41125 2

First published 1987

British Library Cataloguing in Publication Data

Stroud, Mark
  En classes affaires.
  1. French language—Composition and
  exercises
  I. Title
  448.2′421   PC2111

ISBN 0 340 41125 2

Typeset by Tradespools Ltd, Frome.
Printed in Great Britain for Hodder and Stoughton Educational, a division of Hodder and Stoughton Ltd, Mill Road, Dunton Green, Sevenoaks, Kent, by Anchor Brendon Ltd, Tiptree, Essex

Contents

Introduction

Purpose and Scope

The purpose of this book is to offer intermediate and advanced students of French a collection of authentic texts and practical exercises which will serve as a basis for comprehension, language study and group work. Together these materials will provide ample work for at least two years of a university, polytechnic or tertiary college degree or diploma course in applied language studies, including area studies, business and office communications studies, tourism and secretarial/linguist courses. They will also be useful for students preparing the Certificate and Diploma examinations of the RSA, and the higher levels of the Institute of Linguist and London Chamber of Commerce examinations.

Texts and Exercises

The French texts in this collection have all been drawn from current newspapers and periodicals. They offer a comprehensive survey of modern France, with particular emphasis on economic, commercial and social aspects, as well as providing authentic examples of the language of the modern media. The texts have been edited for use as study material and are accompanied by a range of aural, oral and written exercises, with suggestions for follow-up work. While all the material is suitable for individual study, the texts and exercises are designed to promote work in groups, notably through the development of case studies and project work.

Layout

Each of the twenty sections of the book comprises three articles in French and one short passage in English, with each text focusing upon a specific aspect of the French economy, as follows:

A *Texte d'introduction*
A French text of approximately 400 words for study, analysis and translation, as a whole or in part, and selected as an introduction to the subject area.

B Texte de compréhension

A longer, more detailed French text of approximately 600–700 words for reading and comprehension. Each text is provided with a set of comprehension questions in French, followed by indications for plan and summary work (which can be in English or French). These texts are equally suitable for targeted summaries and case study work.

C Exercice de compréhension aural

An aural comprehension exercise based on a further French text of approximately 600–700 words. Each exercise is provided with a set of comprehension questions in English, and a *lexique* giving key French vocabulary with English equivalents. The text is included as a basis for additional study, followed by suggestions for project work and group discussion in French intended to promote exploitation of the subject area beyond the immediate issues of the texts selected. A cassette recording of the comprehension texts is available for use in class, in the language laboratory or in private study.

D Thème

An English passage of approximately 200 words to provide materal for translation into French. Each passage is accompanied by a short *lexique* of useful words and expressions which are given in French only and should be checked before use. This section has been included in response to student requests for opportunities to improve standards of written French. It should be noted that the passages in English have been composed as material for this book and that the French companies referred to are fictitious.

Expression of Thanks

The author wishes to express his sincere thanks to Béatrice Calvez and Claire David for their invaluable help and advice in the preparation of the texts and exercises in French, and to Viv Cole and Malcolm Coundley for their care and skill in processing the photographic material.

An accompanying cassette is available through your usual bookseller. You should quote the following ISBN: 0 340 41981 4.

LA FRANCE : REGIONS ET DEPARTEMENTS

◉Lille

NORD

•Amiens

HAUTE-
Rouen

PICARDIE

Châlons-
sur-Marne

◉Metz

NORMANDIE

Caen

CHAMPAGNE

LORRAINE

◉Strasbourg

BASSE-NORMANDIE

◉Paris

ILE DE FRANCE

ALSACE

BRETAGNE

Rennes

•Orléans

Dijon

FRANCHE-

•Besançon

PAYS DE LA LOIRE

CENTRE

BOURGOGNE

COMTE

◉Nantes

Poitiers

POITOU-
CHARENTES

Limoges

AUVERGNE

Lyon◉

RHONE-ALPES

LIMOUSIN

Clermont
Ferrand

Grenoble

Bordeaux

AQUITAINE

MIDI-PYRENEES

PROVENCE-

COTE D'AZUR

Toulouse◉

Montpellier

◉Marseille

CORSE

LANGUEDOC

◉ Métropole d'équilibre
• Préfecture régionale
⌇ Limite de région
⌇ Limite de département

0   150 km

1 LA POPULATION ACTIVE

1A: Texte d'introduction

L'AVENIR DE LA BASSE-NORMANDIE

L'image traditionnelle de la Basse-Normandie, riche région agricole, n'est plus du tout exacte. L'élevage bovin et la production laitière ont été dépassés par la réussite des voisins de la Bretagne et des pays de la Loire. Ceux-ci, partis de plus loin, ont ressenti la nécessité de l'adaptation et de la modernisation qu'avait négligées une région alors puissante. Aussi la Basse-Normandie n'est-elle plus que la troisième région laitière de France. La production moyenne par vache est ici de 3 600 litres de lait par an.

Les agriculteurs normands sont relativement âgés: 41,1% des chefs d'exploitation ont plus de cinquante-cinq ans et 12 000 agriculteurs retraités continuent d'exploiter 200 000 hectares. Actuellement, le renouvellement dans les exploitations n'est donc pas totalement assuré: 600 installations par an. Il est vrai que le prix de la terre est encore élevé.

Par contre, la Basse-Normandie, et cela se sait peu, est une région industrielle. Au dix-septième rang français par sa population, elle est au douzième rang pour l'industrie. Certes, l'agro-alimentaire tient une place très importante (beurre, fromages, viande, cidre), mais avec 20 000 employés elle est talonnée par la construction électrique et électronique (17 096 ouvriers). 50% des établissements industriels de la Basse-Normandie ont moins de vingt ans. Deux cents décentralisations industrielles ont été obtenues. Mais l'inconvénient est que ces entreprises ont leur siège social ailleurs.

Michel d'Ornano, président du conseil régional depuis douze ans, n'est pas pessimiste, car il pense que la région se transforme lentement, mais en profondeur. A court terme, c'est-à-dire pour contenir le chômage, la Basse-Normandie s'était fixée trois objectifs: meilleure utilisation du potentiel agricole, multiplication des initiatives locales dans le domaine industriel et amélioration des communications.

Pour l'avenir, elle se tourne vers une meilleure formation des hommes, base du développement économique, et aussi vers la recherche, qui est un facteur de création d'emplois, ainsi que vers le tourisme: aux portes de la région parisienne, la Normandie est la quatrième région touristique de France. Son chiffre d'affaires est de l'ordre de 4 à 5 milliards. Et là, l'image de la Basse-Normandie reste intacte: Deauville, la navigation de plaisance, les gîtes ruraux sous les pommiers sont connus au-delà des frontières.

Jean-Pierre Cressard, *Le Figaro*, 14 février 1986

1B: Texte de compréhension

PEUT-ON REFUSER UNE MUTATION?

De plus en plus souvent, les entreprises demandent à leurs cadres de changer de résidence. Mais ceux-ci sont parfois réticents, pour trois raisons qu'explique Me Léandri, avocat-conseil de la CGC-métallurgie: «En premier lieu, la maison, pour laquelle on s'est souvent endetté; ensuite, les enfants, qui s'accommodent mal des mutations; enfin, le manque de perspectives d'embauche dans une ville de province s'il se produit un pépin.» Mais peut-on refuser? Que dit le droit?

Si le problème se pose à vous, vérifiez d'abord si la mobilité est inscrite dans votre contrat (et en quels termes) et, naturellement, reportez-vous au règlement intérieur de votre entreprise ou à la convention collective qu'elle applique. Exemple: le protocole d'accord du 10 mars 1964 concernant les industries pétrolières nationalisées stipule: «Les ingénieurs s'engagent à accepter les changements de résidence ou de fonction que leur société peut être amenée à leur assigner, sans déclassement, pour les

besoins du service à l'intérieur de l'ensemble des activités.» Cette formule laisse peu de marge de manœuvre.

La convention collective de la métallurgie est plus favorable. Elle considère qu'en cas de refus de changement de résidence la rupture du contrat est imputable à l'employeur (article 7); l'ingénieur perçoit alors les indemnités prévues en cas de licenciement. Nombreux sont cependant les exemples de cadres licenciés sans indemnités pour avoir refusé une mutation. N'est-il pas alors tentant, pour certains employeurs, d'utiliser ce moyen afin de se débarrasser de certains cadres? Peut-être, mais la difficulté, pour la victime, est d'en apporter la preuve devant les tribunaux.

Exemple: M. X est attaché commercial d'une grande banque nationale, à Auxerre, et bien noté dans sa fonction. Brusquement, on lui propose une nouvelle fonction, toujours à Auxerre, mais qui ne correspond pas à ses compétences. Prenant alors prétexte de ses mauvais résultats, on lui impose une mutation à Lyon. Il la refuse, et on l'oblige à démissionner. En justice, la banque a été condamnée à verser toutes ses indemnités et des dommages et intérêts au plaignant (cour d'appel de Paris, 5 janvier 1979), car le tribunal a estimé qu'il s'agissait d'un licenciement abusif.

Si votre contrat de travail ne prévoit pas la mobilité, vous pouvez refuser une mutation. A moins que l'employeur ne prouve que celle-ci n'entraîne pas un véritable changement de résidence: c'est le cas des mutations à l'intérieur de la région parisienne ou des grandes métropoles. Les tribunaux, souvent consultés, statuent selon le cas d'espèce et, dit Me Simone Bouaziz, membre de la commission de droit social du Syndicat des Avocats de France, «chronomètre en main: l'élément pris en considération est l'accroissement de la pénibilité du trajet domicile–travail».

Exemple: M. Y, ingénieur, habitant Fontenay-sous-Bois, a refusé de suivre sa société, transférée de Courbevoie à Plaisir. Le tribunal lui a donné raison (cour d'appel de Paris, 19 novembre 1976), malgré certains aménagements proposés par l'employeur, car l'accroissement du temps passé dans les transports équivalait à «une modification substantielle d'exécution du contrat de travail».

Les tribunaux tendent également à trancher en faveur du cadre s'il est établi que la mutation présentait pour lui des inconvénients économiques. C'est le cas de ce cadre commercial d'une entreprise textile en poste dans l'Ouest et muté dans une autre région, moins importante en termes d'affaires potentielles, à la suite d'une réorganisation de la société. En revanche, le «préjudice moral», le plus important, selon Me Léandri, en cas de mutation géographique, n'est pas un argument dont les tribunaux tiennent compte.

Voici encore quelques conseils à suivre en cas de mutation décidée ou imminente:
– N'effectuez pas votre préavis de licenciement sur les nouveaux lieux de travail;
– Ne liez pas votre acceptation à une demande de prime, sous peine de voir réduire votre refus à un simple problème matériel;
– Recherchez la négociation (si le temps vous en est laissé), en consultant au préalable l'inspecteur du travail ou un avocat qui pourra vous guider en fonction de la jurisprudence et éviter ainsi la procédure judiciaire, toujours longue;
– Informez-vous, prudemment, sur le poste à occuper dans le nouvel établissement.

Rémy Dessarts, *L'Expansion*, 4/17 juillet 1980

Etude du texte

A Répondez aux questions suivantes:

1 Les cadres sont-ils toujours prêts aujourd'hui à changer de résidence?

2 Quel sera le premier pas d'un cadre qui ne veut pas accepter une mutation dans une autre ville?

3 Un ingénieur des industries pétrolières nationalisées trouverait-il facile de refuser une mutation?

4 La position d'un ingénieur dans la métallurgie serait-elle vraiment plus favorable?

5 De quelle façon l'employeur peut-il profiter d'un refus de changement de résidence?

6 Pourquoi Monsieur X a-t-il été obligé de démissionner?

7 Quel a été le verdict du tribunal sur le cas de Monsieur X?

8 Est-ce qu'un cadre peut refuser une mutation si le contrat de travail ne prévoit pas la mobilité?

9 Quelle est l'attitude des tribunaux vis-à-vis des mutations à l'intérieur des grandes villes?

10 Pourquoi Monsieur X a-t-il gagné son procès?

11 Expliquez la différence d'attitude des tribunaux envers les «inconvénients économiques» et le «préjudice moral» que la mutation d'un cadre risquerait de provoquer.

12 Comment peut-on éviter la procédure judiciaire si la mutation paraît décidée ou imminente?

B Faites le plan du texte.

C Résumez-le en 230 mots.

1C: *Exercice de compréhension aural*

ENQUETE SUR LES FEMMES CADRES

Questions

1 What were the main details of the inquiry recently carried out in the Rhône-Alpes area?
2 What was the main conclusion drawn on the employment of women executives?
3 How well qualified are women executives? What is the explanation given for this level of qualification?
4 Are women executives better qualified than men? Give the relevant figures.
5 What is the generally accepted idea concerning women and absenteeism? Is it borne out in practice? Explain fully.
6 Do women show the same aptitude and motivation in their work as men? And do employers support these findings?
7 Are women executives as well paid as men? Why (not)?
8 How does maternity affect the careers of women executives?
9 In which areas are women employed (a) on a par with men, (b) less often than men, and (c) more often than men?
10 What are the old fears that some employers still hold concerning women at work?
11 How do employers react to the idea of placing women executives in a position of command?
12 Are women executives advised to copy men in order to promote their careers? Why (not)?

Lexique

un échantillon sample

un chef d'entreprise company head

s'accommoder de to accept, put up with

quasi almost, nearly

à l'embauche when taking on, hiring (personnel)

une idée reçue a generally accepted idea

une hiérarchie company structure

un écart gap, difference

en moyenne on average

global overall

exercer des fonctions to carry out duties, do a job

un niveau hiérarchique rank, level in the company

un profil de carrière career record

concilier to reconcile

être contraint à to be forced, obliged to

la gestion financière financial administration

la comptabilité accountancy, accounting

voire even

une chasse gardée private hunting ground, preserve

afficher to display, exhibit

un tailleur suit (for women)

Texte

ENQUETE SUR LES FEMMES CADRES

Si les patrons lyonnais aiment les femmes cadres c'est plutôt pour un mariage de raison que sur un coup de foudre. C'est du moins ce que montre une enquête récente portant sur un échantillon de quatre-vingts entreprises de la région Rhône-Alpes. En effet, les chefs d'entreprise interrogés s'accommodent bien de l'augmentation, qu'ils jugent irréversible, du nombre de femmes cadres dans les entreprises françaises.

Les patrons d'industrie lyonnais sont quasi unanimes (88% des personnes interrogées) à reconnaître qu'il y a de plus en plus de femmes compétentes sur le marché. En fait, à l'embauche, on exige de la femme cadre une sur-compétence: pour le même emploi, on recrute une femme plus diplômée, comme pour s'entourer de garanties supplémentaires ou pour compenser une sorte d'infériorité naturelle... C'est la raison pour laquelle les cadres féminins diplômés sont plus nombreux que leurs collègues masculins: 60% des femmes sont diplômées de l'enseignement supérieur contre 51% des hommes.

Les femmes cadres sont jugées aussi disponibles que les hommes et, contrairement à une idée reçue, leur absentéisme n'est pas plus élevé. Celui-ci, en effet, est inversement lié à l'intérêt au travail et à la responsabilité. Plus on monte dans la hiérarchie, plus il est négligeable. Enfin, leurs qualités, leurs aptitudes et leurs motivations sont identiques à celles des hommes, même si dans ce dernier cas 37% des dirigeants interrogés estiment que la femme cadre montre moins d'ambition.

Seulement, malgré la loi du 22 décembre 1972 sur l'égalité des rémunérations, les salaires des femmes cadres sont toujours moins élevés que ceux des hommes: l'écart est en moyenne de 33%, et atteint 37% pour les cadres supérieurs. Il est particulièrement net en fin de carrière. Cependant, ces chiffres globaux ne signifient pas qu'à emploi égal la femme cadre est moins bien payée qu'un homme mais que celle-ci exerce, en général, des fonctions moins rémunérées parce que situées à un niveau hiérarchique moins élevé.

Ces chiffres reflètent aussi des profils de carrière différents: une carrière de cadre féminin est interrompue temporairement, parfois définitivement, par la maternité. La maternité, dans cette catégorie socio-professionnelle comme dans les autres, reste en effet le principal handicap des femmes qui, si elles ne réussissent pas à concilier vie familiale et vie professionnelle, sont contraintes à faire un choix.

De plus, si les femmes cadres sont volontiers employées à la gestion financière, à la comptabilité, à l'administration, au service du personnel, à la vente, voire au marketing, la moitié des chefs d'entreprise interrogés se refusent à les employer à la direction de la production qui demeure une chasse gardée masculine. De même, certains secteurs d'activité, les plus traditionnels, leur restent fermés: métallurgie, sidérurgie, bâtiments et travaux publics. En revanche, les femmes cadres sont très nombreuses, parfois majoritaires, dans d'autres secteurs: non pas seulement le textile, vieux bastion féminin, mais aussi l'électronique et surtout l'informatique.

Mais le plus important est ailleurs. Sous les bonnes intentions affichées par les dirigeants d'entreprise, les vieux réflexes subsistent. 63% d'entre eux déclarent: «Jamais une femme ne sera le patron de mon entreprise.» On trouve toujours les vieilles peurs devant la femme: mariée, elle va faire des enfants et être absente; célibataire, elle va perturber le service. Bref, tous les vieux archétypes de l'inconscient – ou du conscient – masculin: près de la moitié des chefs d'entreprise interrogés ne disent-ils pas que la nature féminine n'est pas faite pour le commandement?

Alors, ne reste-t-il à la femme qu'à se masculiniser le plus possible, à faire couper son tailleur sur le modèle du complet-veston? Non, car l'augmentation du nombre de femmes cadres dans les entreprises modifie, insensiblement mais sûrement, les mentalités. Les «nouvelles ambitieuses» y apportent de nouvelles valeurs et de nouvelles qualités, comme le sens de la négociation et la souplesse alliée à l'opiniâtreté.

Le Quotidien de Paris, 11 septembre 1984

Exploitation du texte

1 Rédigez un rapport sur les progrès faits jusqu'à présent par les femmes dans le monde du travail.
2 Quelles sont les qualités féminines que l'on recherche dans l'industrie et le commerce?
3 Discutez: «La nature féminine n'est pas faite pour le commandement.»

1D: *Thème*

A SURVEY OF FRENCH BUSINESSMEN

According to a recent study carried out under the direction of an American communications expert, French businessmen are often late for their meetings, attach great importance to dress and do not begin serious discussions until the end of a meal. Foreign businessmen consequently need to adopt a completely different working style and have an in-depth knowledge of the French language in order to obtain business contacts in France. For the French, the study continues, a lot of meetings are no more than an exchange of views: agendas are rarely respected and only agreements put into writing have any value.

Generally speaking, French businessmen find it hard to differentiate between work and pleasure. For example, they insist on doing business in very select restaurants. The study warns the foreign businessman that he should be able to talk about good food and wine, and expect to be judged by his clothes, his general culture or his way of speaking. But the situation is far from desperate. Even if the French are hard to approach for anyone they don't know, personal contacts often become very fruitful once the ice has been broken. Discussions are more open in France, the study concludes, while French businessmen are usually quicker to take decisions than their foreign counterparts.

Lexique

effectuer, mener une enquête	*couché par écrit*	*s'attendre à*
la tenue vestimentaire	*avoir du mal à*	*d'un abord difficile*
entre la poire et le fromage	*très bien choisi*	*un homologue*
l'ordre du jour		

2 L'ENTREPRISE AUJOURD'HUI

2A: *Texte d'introduction*

UN PLAN DE RESTRUCTURATION

Que Simag, PME de Grenoble, qui a conçu et réalisé le micro-ordinateur Orchidée, ait des problèmes de trésorerie, nul ne le conteste. Encore est-il bon d'en analyser les causes. Parce qu'un de ses sous-traitants a manifesté une certaine défaillance, la société connaît actuellement un retard de six mois dans ses livraisons. D'où un problème dans ses facturations, une baisse de sa trésorerie et une perte de confiance de ses banquiers. Situation classique pour une PME de cinq ans d'âge qui négocie le virage industriel et désire se placer sur le marché international.

Cependant cette situation, aussi délicate soit-elle, n'entame en rien la confiance des actionnaires qui ont décidé, fin janvier de cette année, une augmentation de capital, ce dernier passant de 2,4 millions à 10,8 millions de francs. Les dirigeants de la firme, parallèlement, viennent de décider d'une stratégie nouvelle. Un plan de restructuration, tout d'abord, conduirait à une compression du personnel (une vingtaine de personnes sur les soixante-quinze salariés de l'entreprise). Fin mai, un accord doit être signé entre Simag et un constructeur, sous la forme d'une sous-traitance. Trois sociétés sont actuellement sur les rangs sans que pour autant elles entrent dans le capital de la société. C'est, en fait, une reprise de la production, des achats et des stocks.

Sur le plan commercial, le développement de la pénétration d'Orchidée sur le marché français est engagé. Par une version haut de gamme d'Orchidée dans les secteurs public et privé de la recherche et par la sortie, l'an prochain, d'un ordinateur haute sécurité. Vingt sociétés de distribution participent d'ores et déjà à cette opération commerciale dont les deux points forts demeurent Grenoble et Paris. Sur le plan mondial, Simag, déjà présente en Afrique, dans les pays arabes et l'Europe de l'Est, vise, à la fin de cette année, l'Europe de l'Ouest et les Etats-Unis. Outre-Atlantique, la demande des labos de recherche se fait pressante et Simag prévoit une très importante percée dans les secteurs de la recherche et des technologies avancées.

Honoré Berard, *Les Echos*, 18 mai 1984

2B: *Texte de compréhension*

POUR UNE NOUVELLE APPROCHE DE L'ENTREPRISE

Chez Lesieur des ouvrières des lignes de conditionnement vont voir ce que deviennent dans les magasins les produits qu'elles contribuent à fabriquer. Réunies en cercles de qualité, à raison de huit à dix par groupe, elles discutent pour savoir comment on peut améliorer la présentation, économiser l'emballage, rationaliser la mise en bouteilles et, finalement, améliorer l'organisation du travail là où il se fait. L'huile, c'est gras. Les cartons ne sont pas toujours parfaits. Elles ont donc décidé d'avoir un entretien avec le fournisseur pour déterminer avec lui la qualité de carton et la forme des emballages pour réduire les arrêts de chaîne, pour éviter les taches.

Ce cas est devenu un symbole dans les milieux de l'industrie. Le responsable des Affaires sociales et de la communication du groupe Lesieur, Georges Archier, qui, avant de travailler dans l'industrie, a été médecin – intéressant ce détail: souvent les

médecins convertis à l'industrie y apportent des idées neuves – est le président de l'Association française des cercles de qualité, dont on parle désormais aussi souvent qu'on parlait autrefois des organismes pour l'amélioration de la productivité.

Les cercles de qualité sont des groupes de salariés volontaires qui, avec leur hiérarchie, discutent des problèmes de leur travail sur lesquels ils peuvent avoir une prise. *Cercles* parce qu'ils interviennent sur un plan d'égalité, *de qualité* parce que la bataille économique mondiale n'est pas seulement celle de la technique, celle des capitaux, mais tout autant celle de la qualité et celle de la participation de *tous* au progrès! Au travers de ces cercles s'amorce une véritable révolution des conditions de travail et des rapports des partenaires sociaux. C'est un changement. Un vrai.

Nous vivons en plein paradoxe à propos du travail. L'opinion est à juste titre préoccupée par les difficultés de l'emploi. Le chômage réel augmente. Le gouvernement transforme des jeunes chômeurs en stagiaires et des actifs en jeunes retraités. Il contient l'inondation. Il ne l'arrête pas. Il masque les chiffres, il ne corrige pas profondément la réalité. On reparlera du chômage pendant plusieurs années encore. Mais les détenteurs d'un emploi sont de plus en plus nombreux à mettre en cause les conditions dans lesquelles ils l'exercent. Ceux qui sont «sur le carreau» aimeraient – pas tous – trouver une activité régulière. Ceux qui bénéficient d'un emploi sûr sont souvent insatisfaits.

Il faut essayer de comprendre. Qu'est-ce que le travail? D'abord le moyen d'acquérir de quoi vivre. On l'a un peu oublié en raison des progrès étonnants accomplis en matière de niveau de vie et de genre de vie depuis quelques décennies. On veut qu'il procure non seulement les satisfactions de l'avoir mais aussi de l'être. Il est vrai que le travail n'est pas le même pour tous. Ecrire pour cette revue est agréable. Mais celui qui fait des écritures pour compter le nombre des imposables dans un canton peut se lasser de répéter toujours les mêmes opérations; celui qui, à longueur de journée, assemble les mêmes pièces d'une voiture peut s'irriter ou s'endormir; celle qui dénude des fils électriques pour y placer un embout peut trouver cela monotone. Parmi les inégalités les plus voyantes, celles qui portent sur la nature du travail sont parmi les plus criantes. La division est entre les personnes actives qui trouvent un intérêt renouvelé à ce qu'elles font et celles qui répètent sans cesse les mêmes gestes manuels ou intellectuels.

Lorsqu'une firme comme la Télémécanique – l'une des plus «progressistes» d'Europe – a voulu transformer les chaînes de montage d'appareils électriques, elle a reçu l'approbation d'une bonne partie des femmes qui s'y trouvaient. Mais une minorité a souhaité que soient maintenues les méthodes traditionnelles. «Pour moi, le travail c'est comme le tricot, je le fais en pensant à autre chose.» Nous savons aujourd'hui que c'est par crainte du changement et par crainte de ne pas être capables de faire autre chose après des années de travail répétitif et sclérosant. Les approches sont différentes selon les tempéraments, la culture, l'âge. Il semble cependant que ceux et celles (les femmes seront bientôt majoritaires dans la main-d'œuvre active) qui ont un emploi souhaitent avoir une part de responsabilité concrète dans les opérations qu'on leur demande d'exécuter et une claire connaissance de leur utilité.

Michel Drancourt, *Revue des Deux Mondes*, mars 1983

Etude du texte

A Répondez aux questions suivantes :

1 Comment les cercles de qualité fonctionnent-ils chez Lesieur ?

2 Pourquoi les ouvrières des lignes de conditionnement ont-elles demandé un entretien avec le fournisseur des cartons ?

3 Comment M. Georges Archier a-t-il contribué à améliorer les rapports sociaux dans l'industrie ?

4 Expliquez le terme «cercle de qualité».

5 De quelle façon les cercles de qualité ont-ils entraîné une révolution dans le domaine des rapports sociaux ?

6 Quelles sont les mesures prises par le gouvernement pour éviter la progression du chômage ?

7 Quel est le paradoxe que l'on trouve aujourd'hui dans le monde du travail ?

8 Pourquoi l'attitude générale vis-à-vis du travail semble-t-elle avoir changé ?

9 Comment peut-on affirmer que le travail n'est pas le même pour tous ?

10 Quelles sont les inégalités les plus évidentes en ce qui concerne le travail en entreprise ?

11 La Télémécanique a-t-elle reçu l'approbation de toute sa main-d'œuvre quand elle cherchait à moderniser les chaînes de production ?

12 Quelle semble être aujourd'hui l'attitude de la plupart des employés envers l'entreprise dans laquelle ils travaillent ?

B Faites le plan du texte.

C Résumez-le en 240 mots.

2C: *Exercice de compréhension aural*

LES PDG LES PLUS STRESSES DU MONDE

Questions

1 What are the main difficulties faced by company directors and managers? Is this situation surprising?
2 Which directors are under the greatest pressure? And which are the most relaxed?
3 Who is Benjamin Stora? How did he compile his information?
4 Which were the major themes he studied? Did all the company directors approached reply? Give the relevant figures.
5 To what extent has stress in British and American firms been studied? Why?
6 How did Benjamin Stora propose to evaluate stress among French company directors? How serious is the problem as revealed by this method?
7 What was the first kind of stress studied? What was Benjamin Stora's explanation for it?
8 What particular cause for this kind of stress is given? How serious is it?
9 How does the second kind of stress studied differ from the first? How does it affect company directors and managers in France?
10 What are the two main questions at the heart of the third kind of stress? Are French managers able to cope with them?
11 How do some company directors attempt to deal with stress at work? Is the use of such remedies surprising?
12 What final observation is made? How does Benjamin Stora account for this finding?

Lexique

éprouver to experience

licencier to dismiss

un collaborateur colleague

être bien dans sa peau to be at one's ease

un constat report, finding

HEC (Ecole des) hautes études commerciales

recenser to make an inventory of

un syndicat trade union

un subordonné subordinate, junior

nuire à to harm, injure

une échelle scale

mettre à rude épreuve to test severely, put a great strain on

un licenciement dismissal, redundancy

un taux rate

la mise en œuvre putting into operation, carrying out

la gestion administration, management

dépasser to overtake

ballotté shunted, tossed between

les desiderata (m, pl) requirements, wishes

tout plaquer to chuck, pack it all in

Texte

LES PDG LES PLUS STRESSES DU MONDE

Ils éprouvent d'énormes difficultés (psychologiques) à licencier leur personnel; ils trouvent, dans l'ensemble, leurs collaborateurs peu compétents; ils vivent mal l'exercice de leur pouvoir; ils prennent des tranquillisants pour calmer leurs troubles psychosomatiques. On les croyait bien dans leur peau, sûrs d'eux, heureux de jouer leur rôle de chef. Eh bien, non, nos PDG ou managers sont des gens angoissés, stressés, et en proie au doute. Le plus atteint? C'est le dirigeant d'une entreprise industrielle privée comptant de 500 à 1 000 personnes. Il est plutôt célibataire ou marié sans enfants. Le plus «cool», en revanche: le patron d'une grande entreprise, de préférence publique, et comportant plus de 5 000 personnes.

Tels sont quelques-uns des constats d'une enquête originale, menée au laboratoire de recherches d'HEC par un professeur de cette école, Benjamin Stora, 51 ans, et qui a la particularité d'être également psychanalyste. Pour réaliser son enquête, Benjamin Stora a envoyé à 700 dirigeants d'entreprises françaises performantes un document comportant une centaine de questions et recensant les causes du stress. 150 ont répondu. Relations avec les syndicats, avec leurs subordonnés, vie professionnelle, vie familiale, etc., tels étaient les thèmes qui leur étaient soumis.

A l'inverse de chez nous, les pays anglo-saxons étudient depuis longtemps le phénomène du stress dans l'entreprise. Car les conséquences en sont redoutables: non seulement le stress nuit à la bonne marche de l'entreprise, mais aussi il coûte cher. Or la France n'échappe pas non plus au phénomène du stress. Ayant retenu une échelle de 0 à 5 pour mesurer l'intensité du stress, Benjamin Stora a demandé à tous les interviewés de se situer eux-mêmes sur cette échelle. Or près de la moitié d'entre eux – 46% exactement – déclarent souffrir d'un stress élevé: 4 et 5. On peut distinguer trois sortes d'affections.

1 Le stress relationnel. Il trouve sa source dans l'activité essentielle du dirigeant: l'arbitrage, la négociation et la conviction. Explication de Benjamin Stora: «Le stress relationnel met à rude épreuve la résistance et la persévérance du dirigeant face aux conflits. Et, surtout, renforce son sentiment de solitude.» Ce sentiment se manifeste avec vigueur dans un cas: le licenciement de personnel. Et de quelle manière! 34% de nos dirigeants éprouvent un stress de 4 ou 5 lorsqu'ils prennent la décision de se séparer d'un de leurs collaborateurs. Seraient-ils tous tendres? C'est le taux en tout cas le plus élevé à l'échelle mondiale.

2 Le stress opérationnel. A l'inverse du précédent, il ne met pas en cause la stratégie de l'entreprise mais plutôt la vie de tous les jours: la mise en œuvre des décisions, la gestion des collaborateurs, etc. Et là encore, quelle angoisse! Plus de 32% de nos managers craignent d'être dépassés par le rythme de développement technologique de leur entreprise. Et près de 45% se plaignent d'avoir des subordonnés peu compétents.

3 Le stress lié à l'autorité. C'est tout le problème du commandement qui est en question. Faut-il déléguer le pouvoir? Faut-il consulter de nombreuses personnes avant de prendre une décision? Deux questions auxquelles le manager français ne parvient pas – ou peu – à répondre, ballotté qu'il est entre les desiderata de ses collaborateurs et son point de vue personnel. Résultat: près d'un manager sur deux (47%) a du mal à assumer son rôle de responsable et de chef. Tout naturellement, il se plaint de son manque de pouvoir et d'influence au sein de son entreprise.

Aussi n'est-on guère surpris d'apprendre que, pour combattre ce sentiment d'impuissance, les PDG utilisent un certain nombre de remèdes. C'est notamment le recours fréquent aux tranquillisants (18%) et antidépresseurs (15%). C'est aussi une forte inclination pour le tabac, voire l'alcool. Dernier enseignement, plutôt surprenant: neuf dirigeants sur dix se disent satisfaits de leur situation actuelle. Et un sur dix seulement se déclare prêt à «tout plaquer». «Preuve, précise Benjamin Stora, que le stress n'est pas uniquement négatif. Il constitue même un puissant stimulant sans lequel les managers ne pourraient réussir.»

Gilles Gaetner, *Le Point*, 3 mars 1986

Exploitation du texte

1 Esquissez le profil typique du PDG français.
2 Expliquez l'importance des études sur le stress dans l'entreprise.
3 Discutez: «Le stress n'est pas uniquement négatif.»

2D: Thème

A SUCCESSFUL RECOVERY PLAN

The Lebard Company, a small firm in the Dijon area, came close to extinction five years ago when it recorded a loss of 2 million francs on a turnover of 11 million. Its main market, coffee machines for the catering trade, was in a shaky state while the export prospects on a foreign market dominated by the Italians were very limited. This gloomy picture did not, however, deter Yves Caumartin, the company's production manager, from taking over control of the dying firm. With the support of the Dijon Chamber of Commerce and Industry, the local banks and above all the firm's 180 employees, he drew up a recovery plan which would not entail anyone losing their job.

The recovery plan was based on two major principles: increasing the number of clients and improving productivity. Lebard today has no less than twelve operations from manufacturing vending machines and electric circuits to assembling cash registers and toy cars. While the work was basically manual to begin with, it is now highly automated following the installation of the latest machinery. Every worker has at least three strings to his bow so that he can change jobs according to the orders received. By means of these measures, Yves Caumartin has been able to raise Lebard's turnover from 11 to 17 million francs and achieve a profit margin last year of 150,000 francs.

Lexique

établir un plan de redressement

voir la mort de près

battre de l'aile

les perspectives à l'exportation

le directeur technique

prendre les commandes

reposer sur un principe

des machines ultra-modernes

avoir plusieurs cordes à son arc

dégager une marge bénéficiaire

3 L'AGRICULTURE ET LA PECHE

3A: *Texte d'introduction*

LES VIGNERONS DE ROAIX-SEGURET

Certaines coopératives, oublieuses des intérêts du consommateur, vendent n'importe quoi sous des appellations souvent ronflantes. Dieu merci, il existe quelques coopératives dirigées par des hommes qui n'ignorent pas que la mauvaise qualité n'a jamais fait de bon vin. C'est le cas de la cave coopérative de Roaix-Séguret, qui existe depuis 1960. Présidée par Guy Meffre, elle est dirigée depuis seize ans par Raymond Andrieu, œnologue réputé. D'une capacité de 45 000 hectolitres, elle vinifie en moyenne 35 000 hectolitres par an, représentant les 70% de la production du village de Séguret. Ici, les raisins sont examinés à leur arrivée et notés de façon rigoureuse. Les meilleurs donnent les «côtes-du-rhône-villages-séguret». Les numéros 2 produisent des «côtes-du-rhône» simples. Les numéros 3 fournissent des vins de table sans appellation. Quant aux mauvais raisins, ils seront rejetés.

Les vins de table sont loin d'être mauvais: ils sont issus de vignes qui ne bénéficient pas de l'appellation «côtes-du-rhône» ou qui ont l'appellation, mais sont considérés comme étant encore trop jeunes. Pour boire tous les jours, ils sont parfaits et ne sont vraiment pas chers (4,30 francs le litre, en cubitainer de 28 litres).

Séguret est un charmant village du Vaucluse. Le terroir est l'union heureuse de sols argileux et lourds, de terres sableuses légères, de grès pierreux et secs. Sur ces vignobles en coteaux, la grenache prédomine, mais les autres cépages nobles se manifestent aussi: surtout la syrah, qui ajoute de la longévité à ces vins virils et puissants. Les côtes-du-rhône-villages rouge de Séguret sont légers, gouleyants, d'une très belle robe cerise, agréables au palais. Ils obtiennent leur optimum de vieillissement entre cinq et dix ans. Les rosés et les blancs sont élégants et fringants et doivent être bus jeunes.

A Séguret, le président de la confrérie vigneronne locale, Gérard Meffre, exploite un très vieux vignoble, le Château de la Courançonne, dont on trouve trace dans des écrits du XVIIe siècle. Ses vins sont remarquables, parmi les meilleurs des Côtes-du-Rhône. Goutez sans hésiter à la Fiole du Chevalier d'Elbène Séguret rouge 1981, médaille d'argent au Concours général agricole, aux arômes cassis-framboise, qui se gardera longtemps (26,50 francs la bouteille TTC). Le blanc 1985, délicat, est bien fruité (23,50 francs). Quant au rosé 1985 (19,50 francs), délicieux, il dégage un bouquet de bonbons anglais.

Victor Franco, *Le Nouvel Economiste*, 28 mars 1986

3B: *Texte de compréhension*

LA DEUXIEME REVOLUTION DE L'AGRICULTURE

La seconde grande révolution de l'agriculture depuis la dernière guerre est en marche. Elle a commencé en mars dernier lorsque la Commission économique européenne, passage obligatoire pour le financement de «l'arme verte», a donné un brusque coup de frein à l'expansion du monde rural en imposant une limitation de la production laitière. Diminution aussi, à terme, de la culture céréalière à travers des mesures indirectes prises par la CEE, qui soutient de moins en moins les marchés. Abandon progressif également de la production des fruits et des légumes devant les menaces que fait peser l'admission de l'Espagne dans le Marché commun.

Les conséquences? Un secteur d'activitié représentant 8% de la population totale de la nation touché de plein fouet. Le tableau est sombre. Il y a vingt ans, un seul credo

prévalait: produire, encore produire et toujours produire. En 1984: changement de ton. Alors les agriculteurs ne comprennent plus, et la classe politique tente de trouver des palliatifs pour essayer d'enrayer ce que l'on appelle depuis toujours: «le malaise paysan».

Le sentiment aussi d'avoir été dupé. En un quart de siècle, les agriculteurs français sont passés de l'âge quasiment grégaire à une révolution proche du XXIe siècle. Au point que les producteurs bretons de porcs n'ont rien à envier à ceux, pourtant réputés avancés, du Danemark ou des Etats-Unis. Mêmes méthodes, mêmes mentalités aussi, ce qui n'était pas le cas il y a vingt-cinq ans lorsque s'édifiait dans la douleur le Marché commun agricole.

Au départ, il y avait l'Europe. Sa construction politique devait passer par une répartition, une meilleure exploitation de ses ressources. Ce n'est nullement un mystère: pendant que les Allemands s'appropriaient l'industrie lourde, les Français se réservaient le grenier. En misant totalement leur avenir sur l'agriculture et sur son dérivé naturel, l'agro-alimentaire. Les agriculteurs se sont employés dès lors à perfectionner leurs moyens de production. Deux chiffres. En 1960, un agriculteur français nourrissait dix personnes, il en nourrit désormais une trentaine.

Rationalisation donc. Au prix, il est vrai, d'un endettement incomparable dans les autres pays européens, l'agriculture française s'est modernisée de fond en comble: un système d'enseignement; des recherches agronomiques sophistiquées; un financement original et puissant assuré par une banque, le Crédit Agricole. Celle-ci ne devait pas tarder, profitant de la manne, à devenir l'un des principaux établissements financiers du monde.

La première révolution, celle des années 60, s'est opérée d'une manière cohérente et surtout sans véritables heurts sociologiques. C'était l'époque de la grande industrialisation: le transfert des ruraux vers les villes ne posait guère de problèmes économiques tant était manifeste l'appel d'une main-d'œuvre malléable et indispensable. On peut ainsi évaluer à plus de 3 millions le nombre «d'hommes des champs» transférés en moins de dix ans vers les zones urbaines. Si, au début du siècle, plus de 50% de la population travaillait dans l'agriculture (à 20% en 1960), celle-ci ne représente plus que 8% de l'ensemble de la population active totale.

Tous les experts en conviennent. Il faudra «supprimer» dans les cinq ans à venir plus de 400 000 agriculteurs et avant dix ans 300 000 autres. Une révolution historique, sociale, économique sans précédent car, si l'industrialisation offrait naguère des possibilités de reconversion, la crise actuelle laisse peu de chances pour de telles mutations. On est loin en tout cas des problèmes posés par la modernisation technologique dans l'automobile ou la sidérurgie. Il faudra alors compter avec le vieillissement des agriculteurs et instituer, comme pour d'autres secteurs en difficulté, des systèmes de compensation.

Hommes politiques, économistes, mais aussi responsables professionnels agricoles, refusent souvent de voir le problème en face, se contentant d'espoirs vains. Mais il faudra bien désengager des centaines de milliers d'hommes de la production agricole. Il s'agit pourtant là, assurément, du plus grand bouleversement de cette fin de siècle.

Daniel Tacet, *Le Figaro*, 12 novembre 1984

Etude du texte

A Répondez aux questions suivantes:

1 Depuis quand date la deuxième révolution de l'agriculture?

2 Quelles ont été les limitations de la production agricole imposées par la CEE?

3 Quel est le changement de politique qui a touché les agriculteurs français en 1984?

4 Pourquoi les agriculteurs ont-ils le sentiment d'avoir été dupés?

5 Comment la construction politique de l'Europe a-t-elle déterminé les principaux secteurs d'activité des Français et des Allemands?

6 Dans quelle mesure les agriculteurs français ont-ils accompli leurs obligations dans le cadre de la CEE?

7 Quels ont été les moyens adoptés pour moderniser l'agriculture française?

8 Comment le Crédit Agricole a-t-il su profiter de cette situation?

9 Pourquoi la première révolution de l'agriculture s'est-elle accomplie sans problème sur le plan social?

10 Quels sont les chiffres qui traduisent la diminution des personnes employées dans le domaine agricole depuis 1960? Et pour les dix ans à venir?

11 Pourquoi la deuxième révolution de l'agriculture ne pourra-t-elle pas se réaliser aussi facilement que la première?

12 Comment faudra-t-il faire face aux problèmes posés par la deuxième révolution de l'agriculture?

B Faites le plan du texte.

C Résumez-le en 210 mots.

3C: *Exercice de compréhension aural*

LE KRILL EST L'AVENIR DE L'HOMME

Questions

1 What is krill and where is it to be found?
2 What is the potential of krill for human consumption?
3 How are scientists approaching the exploitation of krill? And with what reservations?
4 How is the current scientific inquiry into krill being conducted? Which countries are involved?
5 What are the main aims of these researches?
6 Which creatures live on krill? How is this situation changing and to whose advantage?
7 Are early estimates of possible catches of krill favourable? Compare with catches of fish and give the relevant figures.
8 Who is Claude Roger? What does he report from his experiences on the *Walther-Herwig*?
9 Which countries are already fishing for krill? Where and how do they operate?
10 How is krill prepared for human consumption? Is the yield per catch high?
11 What have the experiments in the preparation of krill for human and animal consumption shown?
12 Are the conditions for fishing krill worth the catches made? Explain fully.

Lexique

cingler vers to make for (of ship)

une quête quest, search

une crevette prawn, shrimp

receler to conceal, contain

un ichtyologiste ichthyologist, fish specialist

un savant scientist

les mœurs (f, pl) habits

le phytoplancton phytoplankton, plankton consisting of plants

s'agglutiner to stick, bind together

un essaim swarm

un chalutier trawler

moissonner to harvest, reap

repérer to spot, locate

un cobaye guinea-pig

une pitance sustenance, allowance of food

la pâte paste, mixture

un festin feast

un palais palate

austral southern

un enjeu (what is at) stake

Texte

LE KRILL EST L'AVENIR DE L'HOMME

L'homme ne caresse plus les mêmes rêves qu'autrefois. Aujourd'hui, c'est vers le pôle Sud que cinglent les nouveaux conquérants. Ils ne cherchent pas de fabuleux métaux. Leur quête silencieuse a pour unique objet une petite crevette molle de 5 cm. de long, à peine capable de nager: Euphausia superba, dont les bancs forment ce qu'on nomme le krill.

Le krill est peut-être l'avenir de l'homme. L'humanité manque cruellement de protéines, ces éléments essentiels de la matière vivante, dont le déficit s'accroît chaque année. L'océan Antarctique, qui contient des centaines de millions de tonnes de krill, pourrait bien receler la plus importante ressource de protéines du monde. Une solution à long terme pour mettre fin à la malnutrition et sauver l'humanité de la famine. Les scientifiques, qui prennent la chose très au sérieux, ont élaboré, au sein du Comité scientifique de recherches sur l'Antarctique (un organisme non gouvernemental), un programme d'étude de ce bifteck du futur. Mais pas question pour ces spécialistes de se jeter à corps perdu dans l'exploitation du krill: il faut conserver l'équilibre écologique de ce monde glacé.

En ce moment même, dix-sept navires font route vers cet océan. Là, au milieu de vagues qui peuvent atteindre 20 mètres de haut, des biologistes, des ichtyologistes et des océanologues vont réaliser la première expérience internationale sur la biologie de l'Antarctique, à l'aide d'une technologie extrêmement sophistiquée. Douze pays sont partie prenante, dont la France, la Grande-Bretagne, le Chili, le Japon et l'URSS. Le but de cette armada de savants est de rassembler le maximum de renseignements sur la vie et les mœurs de ce mystérieux krill. Cette grande campagne doit aussi permettre d'évaluer globalement les immenses stocks de crevettes qui flottent entre deux eaux près du cercle polaire.

Baleines, poissons, calmars, phoques, manchots et oiseaux connaissent bien la fameuse petite crevette. Elle constitue l'essentiel de leurs repas. Les baleines ayant été peu à peu massacrées, certains scientifiques affirment qu'il existe dans l'Antarctique un «surplus» de krill, dont l'homme aimerait bien à son tour profiter. Les premières estimations sont plus qu'encourageantes. On pourrait, chaque année, disposer de 100 à 150 millions de tonnes de krill, soit deux fois plus que le tonnage mondial de poisson pêché aujourd'hui (70 millions). Le krill, qui se nourrit de phytoplancton, s'agglutine en essaims. Ces essaims peuvent atteindre des tailles considérables. Les crevettes – on en trouve jusqu'à 60 000 par m^3 – y sont plus serrées que les sardines.

On parle de pêches quasi miraculeuses. «Au cours d'une campagne sur le chalutier expérimental allemand *Walther-Herwig*, dit Claude Roger, un spécialiste de l'Organi-

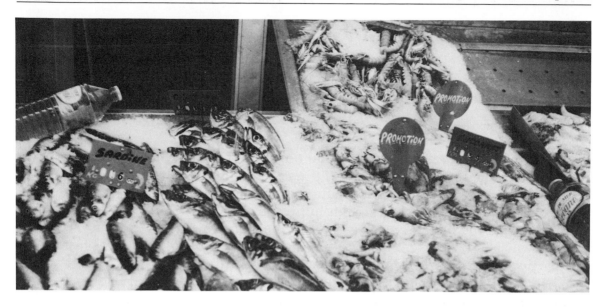

sation de la recherche scientifique pour les territoires d'outre-mer, j'ai vu personnellement une capture de 30 tonnes en une heure.» Certains pays, comme l'URSS et la Pologne, n'ont pas attendu le feu vert des savants pour aller jeter leurs filets du côté du pôle Sud. Leurs flottilles de chalutiers moissonnent déjà l'océan Antarctique. Depuis trois ans, le Japon, lui aussi, explore systématiquement ces eaux froides et tumultueuses afin de repérer les essaims sous-marins.

Les Japonais et les Soviétiques sont donc les premiers cobayes de l'hypothétique pitance de l'an 2000. Ils la consomment sous forme de pâte, car cette crevette est trop petite et trop fragile pour être vendue simplement congelée. Les expériences faites en France montrent qu'à partir de 100 kilos de crevettes on obtient près de 60 kilos de pâte cuite. Mais cette pâte, d'une excellente valeur nutritive, est loin de constituer un festin de gourmet. Les palais raffinés des Français ne sont pas encore prêts à apprécier les protéines venues du froid. En revanche, la farine du krill pourrait, sans grand problème, entrer dans la composition des aliments pour animaux.

Cela dit, la pêche du krill n'est pas une partie de plaisir. L'été austral est très court et l'endroit n'est guère hospitalier pour les chalutiers et les bateaux-usines. Mais l'enjeu est fantastique. Même Jules Verne n'avait pas imaginé que des millions de tonnes de protéines se conserveraient au frais dans un immense réfrigérateur nommé océan Antarctique.

Sylvie O'Dy, L'Express, 7 février 1981

Exploitation du texte

1 Faites une étude de marché sur l'introduction du krill dans le menu quotidien.
2 Préparez une campagne de publicité choc pour un hamburger composé de krill.
3 Anticipez les arguments des écologistes sur cette nouvelle exploitation de l'environnement.

3D: *Thème*

LAVENDER AND ITS PROBLEMS

Lavender has been in use for a very long time. Originally a wild plant from the dry mountains in the south-east of France, it was first cultivated at the beginning of this century. To be of good quality, it should grow at a high altitude and give a low yield. It is cut in mid-summer when it is in full bloom and the flowers are then detached from the stalks and dried. A small amount of the crop is marketed in the form of cloth sachets which are sold to the customer direct. The bulk of the crop goes to the distillery where the essential oil or essence is extracted in an enormous still.

When you buy a lavender product today, can you be sure that it contains natural lavender? Artificial flavouring, which has crept into daily life, is now to be found everywhere: in perfumery and cosmetics, in the food trade, in household cleansers and pharmaceutical products. Apart from the financial advantage of being up to one hundred times cheaper to use, synthetic substitutes for lavender offer what nature cannot provide: regular production and a uniform scent. The use of substitutes has certainly been going on for a long time, but the consequences are being increasingly felt. Unless energetic measures are taken, lavender growers will one day disappear and natural lavender with them.

Lexique

pousser en altitude	*un produit à la lavende*	*un produit d'entretien*
un sachet en tissu	*entrer à pas de loup*	*ne pas dater d'hier*
vendre directement	*l'aromatisation artificielle*	*se faire sentir*
le gros de la production		

4 L'ENERGIE

4A: Texte d'introduction

LE CHARBON FRANÇAIS N'ECHAPPE PAS A LA BAISSE

«Historique», la baisse du prix du charbon annoncée hier par Charbonnages de France? Sans doute si l'on considère que la société nationale n'avait jamais réduit ses tarifs depuis 1945. Tout au plus avait-elle procédé à quelques gels rendus possibles par les mouvements du marché.

Toutefois, deux éléments doivent être pris en considération pour évaluer l'incidence de cette baisse du charbon. Premièrement, et les dirigeants de CdF insistent sur ce point, la diminution des tarifs est purement «conjoncturelle». Elle résulte de la chute du prix du pétrole, ainsi que de celle du dollar qui a rendu le charbon importé encore plus compétitif. Ces facteurs ont conduit les dirigeants de CdF à diminuer de 8 à 10% leurs tarifs, soit une baisse de 50 à 60F par tonne sur l'ancienne fourchette s'étendant de 580 à 630F. Pour Charbonnages de France, la perte apparaît alors patente lorsqu'on sait que son prix de revient moyen est de 677F par tonne. Quant au charbon importé, qui suit avec retard les fluctuations du brut, il est passé en-dessous de la barre des 40 dollars pour chaque tonne rendue au port, ce qui le met, chute du dollar aidant, à moins de 300F.

Une loi du marché qui risque d'affecter gravement les comptes de Charbonnages de France, équilibrés grâce à une subvention de 3,2 milliards de francs. «A n'en pas douter, les conséquences de cette baisse de nos tarifs seront catastrophiques pour nos prochains résultats, note-t-on au siège de la société. Mais il est hasardeux d'avancer un chiffre – peut-être plusieurs centaines de millions de francs – puisque tout est lié à l'évolution du prix du pétrole. Si le baril remonte à un niveau acceptable, nos tarifs suivront.» Ce seuil se situe aux alentours de 20 dollars par baril, en-deçà duquel, de l'aveu même des techniciens de CdF, le charbon n'est en aucun cas rentable sans aide de l'Etat.

Les charbonniers français restent toutefois sereins sur le long terme: si la consommation française, actuellement de 42 millions de tonnes, tombait à 25 millions au cours des dix prochaines années, elle devrait ensuite connaître une reprise due à la raréfaction progressive des hydrocarbures. «Nous avons devant nous trois siècles de consommation mondiale de charbon contre 60 ans pour le pétrole et le gaz», conclut un analyste de CdF.

François Feron, *Libération*, 13 février 1986

4B: *Texte de compréhension*

LES RISQUES DU FROID

Si l'hiver qui commence connaissait une vague de froid analogue à celle de janvier dernier, devrions-nous subir les mêmes tracas, grelotter dans les appartements, faire face à un surcroît de dépenses et voir, malgré tout, l'économie en partie désorganisée? Oui, très probablement, si l'on se réfère aux interventions prononcées lors du colloque sur «l'énergie et les grands froids» que vient d'organiser l'Institut français de l'énergie. Certes, les responsables d'entreprises, les producteurs d'énergie et les pouvoirs publics se sont efforcés de tirer la leçon des fâcheuses expériences de l'hiver passé. Des dispositions ont été prises pour pallier un certain nombre de défauts de notre organisation. Mais les principales faiblesses, et notamment celles liées aux infrastructures, ne pourront être que très progressivement corrigées.

Et, pourtant, la vague de froid qui a touché la France entre le 4 et le 17 janvier 1985 ne constituait pas un record absolu. On avait également enregistré des températures très basses pendant des périodes relativement longues en février 1956 et en janvier 1963. Pour Mme Villien, de la division climatologie de la Météorologie nationale, il s'agissait «d'un froid inhabituel, mais non exceptionnel. La durée de retour se situe entre dix et vingt ans selon les régions et les critères retenus».

Les producteurs d'énergie ont fait face à une demande supplémentaire qui s'est élevée à 2,2 millions de TEP pour le secteur résidentiel et tertiaire. Cette demande a entraîné une sortie de devises de 4,2 milliards de francs et des dépenses estimées à environ 7 milliards pour les consommateurs. Gaz de France a pu livrer ses clients en augmentant de 5% les quantités qui lui étaient fournies, mais surtout en puisant dans ses très importants stocks souterrains.

Electricité de France a réussi à «passer» malgré le recours massif des Français aux radiateurs d'appoint. Au-dessous de moins huit degrés, les chauffages classiques ne suffisaient plus. Et la puissance supplémentaire appelée par degré de température perdu est brutalement passée de 750 à 1 100 mégawatts! L'industrie du raffinage a couvert une consommation de fioul domestique en hausse de 40% sur le mois de janvier de l'année précédente et montre ainsi que le pétrole jouait bien son rôle d'énergie de bouclage. Finalement, ce sont peut-être les Charbonnages de France qui ont rencontré les difficultés les plus inattendues.

L'expérience a été utile. CdF va améliorer le traitement de ses stocks et rapprocher ceux-ci du consommateur final. GdF sait maintenant qu'en période froide ses canalisations se bouchent plus souvent et qu'il faut renforcer les équipes d'entretien. EdF, qui a couplé cette année au réseau quatre nouvelles tranches nucléaires, disposera cet hiver d'une puissance accrue de plus de 3 000 mégawatts. D'un point de vue quantitatif, l'énergie ne devrait pas manquer, si nous connaissons de nouveau un hiver froid.

Mais les maillons faibles de la chaîne qui sont ceux du transport n'ont que très peu évolué. La nouvelle réglementation applicable au gazole spécifie que ce carburant doit avoir désormais une «température limite de filtrabilité» de −12° au lieu de −8°. Mais, naturellement, ce texte ne peut pas fournir de garantie sur la modernité des camions ou le bon état de véhicules. Dans le domaine du transport d'électricité, aucune ligne de grande capacité n'a été construite dans l'année pour ravitailler la région de Nice qui devrait donc, à nouveau, subir des «délestages» dans des circonstances semblables.

Mais ce sont les problèmes posés par le réseau routier qui paraissent les plus préoccupants. Si le réseau national dispose d'un revêtement renforcé sur 28 000 de ses kilomètres, le directeur des routes du ministère des Transports, M. Berthier, n'a pas caché qu'il en allait autrement pour le réseau départemental. Les indispensables barrières de dégel risqueraient donc d'empêcher à nouveau les camions, de plus en plus lourds, d'accéder à telle localité ou à telle usine, qui resterait du même coup partiellement isolée. Les pouvoirs publics ont mis au point des fiches de recommandations aux préfets afin d'autoriser, par exemple, la circulation de camions en demi-charge. Mais la loi de décentralisation ayant en cette matière fractionné les compétences, on peut prévoir, au moment de passer à la réalisation pratique, quelques joyeux cafouillages.

Edouard Thévenon, *Le Figaro*, 31 octobre 1985

Etude du texte

A Répondez aux questions suivantes :

1 Quel avertissement a-t-on donné au cours du colloque sur l'énergie?

2 A-t-on effectué toutes les mesures jugées nécessaires après l'hiver dernier?

3 La vague de froid de janvier 1985 a-t-elle été exceptionelle pour la France? Expliquez.

4 Les producteurs d'énergie ont-ils pu faire face à cette situation?

5 L'approvisionnement en gaz a-t-il été maintenu pendant cette période?

6 A quel problème Electricité de France s'est-elle trouvée confrontée?

7 Dans quelle mesure le pétrole a-t-il contribué à résoudre les problèmes posés par la vague de froid?

8 Comment les Charbonnages de France profiteront-ils de cette expérience?

9 EdF serait-elle mieux placée cet hiver que CdF ou GdF? Pourquoi (pas)?

10 Les transports routiers sont-ils en mesure de faire face à une deuxième vague de froid? Pourquoi (pas)?

11 Pourquoi les problèmes posés par le réseau routier risquent-ils d'être les plus inquiétants?

12 L'intervention faite par les pouvoirs publics suffira-t-elle à assurer le passage des camions?

B Faites le plan du texte.

C Résumez-le en 230 mots.

4C: *Exercice de compréhension aural*

EDF VEUT EQUILIBRER SES COMPTES

Questions

1 What is the French Electricity Board's financial target for this year? What step is M. Marcel Boiteux due to take in order to pursue this aim?
2 Outline the French Electricity Board's financial problems and give the figures.
3 How does the Board intend to achieve its target? Give the projected increase in its turnover.
4 To what extent will the Board finance its investment programme itself? Compare with the situation last year.
5 To what extent does the Board rely on borrowing? Why did it recently borrow a large sum of money?
6 Who is M. Martin Malvy? Have his policies been successful? Why (not)?
7 Give the details of the French Electricity Board's new plan. What reservations does the Board nevertheless insist on?
8 What are the factors governing the improvements in productivity which the Board hopes to make?
9 Is the consumption of electricity rising or falling as compared with last year? Give the relevant figures.
10 Is the current trend for exports promising? Explain.
11 Who is M. Claude Bonnet? What is his reaction to the Board's proposed programme?
12 What difference of opinion has emerged concerning other plans made by the French Electricity Board for next year? Explain.

Lexique

un redressement recovery, putting right

un conseil d'administration board of directors

les effectifs (m, pl) strength, numbers

freiner to check, put a brake on

un chiffre d'affaires turnover

l'autofinancement (m) self-financing

rééchelonner to stagger, spread out again

la gestion administration, management

un revirement reversal, turnaround

une convention agreement

une mouture rehash, recast

un prix de revient cost price

moduler to adjust, vary

un paramètre feature, factor

maîtriser to master, control

un syndicat trade-union

les pouvoirs publics (m, pl) authorities

Texte

EDF VEUT EQUILIBRER SES COMPTES

Cette année sera l'année du redressement pour Electricité de France. Le déficit, 5,7 milliards de francs l'an dernier, devrait être notablement réduit. Et l'entreprise nationale que préside M. Marcel Boiteux va enfin signer son contrat de plan, au plus tard lors du conseil d'administration du 27 septembre.

Le retour à l'équilibre financier est prioritaire: EdF a accumulé un déficit de près de 20 milliards de francs depuis quatre ans et son endettement atteindra 210 milliards de francs à la fin de cette année. Sans réduire ses effectifs mais en freinant son programme d'investissement, le résultat devrait, au mieux, être équilibré à la fin de l'année; au pis, le déficit serait de 2 milliards de francs, tandis que le chiffre d'affaires passera de 101,4 milliards de francs l'an dernier à plus de 120 milliards de francs cette année.

L'autofinancement devrait couvrir 48% des investissements (40 milliards de francs cette année) contre 38% seulement l'an dernier. Reste que le recours à l'emprunt continue de porter sur des sommes considérables: 27 milliards de francs, dont 6,5 milliards pour rembourser des emprunts antérieurs. «Notre signature demeure excellente», se félicite-t-on à EdF après l'emprunt de 500 millions de dollars récemment lancé pour rééchelonner à des conditions plus favorables une partie de la dette.

Le nouveau secrétaire d'Etat chargé de l'Energie, M. Martin Malvy, ne cache pas qu'il est pressé, ces engagements mutuellement consentis définissant la liberté de gestion des sociétés nationales. Jusqu'à présent, aucune des grandes entreprises du secteur de l'énergie n'a signé de contrat de plan. Il y a déjà plus d'un an, EdF avait élaboré un projet mais le revirement de la politique charbonnière et la convention signée en mars dernier entre EdF et les Charbonnages avaient tout remis en cause.

La nouvelle mouture définit un objectif central: EdF s'engage à baisser ses prix de revient de 3% en moyenne en francs constants au cours des cinq ans à venir. «Mais, souligne-t-on à la direction de l'établissement, il ne faut pas confondre une baisse du prix de revient moyen du kilowatt-heure et une baisse des tarifs. EdF ne peut s'engager à baisser ses prix de 3% pour tout le monde et tout de suite.» Cette réduction sera donc modulée et sans doute plus forte en fin de période. L'ampleur des gains de productivité que pourra réaliser l'entreprise dépend de divers paramètres qu'elle ne peut tous maîtriser: l'évolution du cours du dollar et des taux d'intérêt, la «disponibilité» des centrales nucléaires (actuellement excellente) et la progression de la consommation.

Il est vrai que les ventes d'électricité se développent à un rythme encourageant, tant dans l'industrie que chez nos voisins européens. La consommation cumulée des sept premiers mois de cette année est en augmentation de 7,2% par rapport à la période correspondante de l'année dernière. Et les exportations ont atteint en six mois le niveau de l'ensemble de l'année dernière: plus de 13 milliards de kilowatts-heures. La Grande-Bretagne, l'Allemagne, la Suisse, l'Italie et la Belgique ont signé de nouveaux contrats.

Plus sans doute pour une question de procédure que de fond, le contrat de plan est assez mal reçu par les syndicats. «En contradiction avec la loi de démocratisation du secteur public, ce document n'a pas été discuté avec les représentants des travailleurs», regrette M. Claude Bonnet, responsable de la Fédération de l'énergie CGT. La CGT insiste également pour qu'EdF commande deux nouvelles tranches nucléaires l'an prochain, alors que les dirigeants de l'entreprise estiment qu'une seule suffirait amplement. La décision, qui devrait être annoncée très prochainement par les pouvoirs publics, est attendue avec impatience.

Jean-Michel Caroit, *Le Nouvel Economiste*, 10 septembre 1984

Exploitation du texte

1 Rédigez un rapport sur le rôle de l'électricité dans notre avenir industriel et économique.
2 Préparez une campagne de publicité pour les économies d'énergie.
3 L'indépendance énergétique: rêve ou réalité?

4D: *Thème*

A CHEAPER CENTRAL HEATING SYSTEM

As you very well know when you work out your heating bills, energy is expensive. It is a mistake to believe, however, that all heating systems are of equal merit in every case. There is one well-tried and continually improved system which gives you first-rate comfort as well as keeping your costs down. Hot water central heating works on a simple principle: water is heated in a boiler and flows through pipes which feed radiators. The great advantage of this system is that you can choose your own fuel according to your kind of house or locally available energy supplies. You will even be able to change if it is ever in your interest to do so.

With a modern boiler you have a constant supply of hot water in your bathroom and kitchen as well as a pleasant form of heating which is well distributed throughout your house. The easy maintenance cuts down energy costs while thermal insulation makes your hot water central heating system even more economic. Don't forget that fitting a thermostat is not only vital for your comfort as it gives you the right temperature in every room, but also enables you to make considerable savings by avoiding any unnecessary overheating. Finally, your local dealer or fitter can tell you what tax allowances are provided for by law.

Lexique

faire ses comptes	*l'isolation thermique*	*réaliser des économies*
se valoir	*l'installation d'un thermostat*	*les dégrèvements fiscaux*
avoir intérêt à		*prévu par la loi*
en permanence	*indispensable à*	

5 L'INDUSTRIE

5A: *Texte d'introduction*

LES VERTUS DES GRANDS TRAVAUX

Voilà que les Français retrouvent les vertus des grands travaux! Depuis que la majorité des liaisons autoroutières indispensables ont été réalisées, depuis que les villes nouvelles ont commencé à prendre corps, depuis que le littoral est équipé – trop équipé – en grands ports de commerce, les bâtisseurs, les ingénieurs, s'impatientaient l'arme au pied. Ce ne sont pas les déceptions, en effet, qui ont manqué ces derniers temps à la grande famille des travaux publics, aux champions de l'aménagement du territoire et aux visionnaires qui, l'œil fixé sur l'an 2000, songent aux évolutions géopolitiques de l'Europe de l'Ouest: renvoi aux calendes grecques de la liaison fluviale Rhin–Rhône, annulation de l'exposition universelle prévue à Paris en 1989, ralentissement du programme électronucléaire. La crise, le souci de rigueur budgétaire, s'accommodaient mal du vocabulaire et des devis inhérents aux grands chantiers.

Mais depuis quelques mois, le vent tourne. La SNCF est autorisée à lancer le TGV Atlantique et à en étudier un autre entre Paris et le nord de l'Europe; Eurodisneyland va élire domicile à Marne-la-Vallée; et, surtout, le vieux rêve de Napoléon – que déjà avant lui Néron avait caressé – de franchir la Manche autrement qu'en bateau a toutes les chances de devenir avant dix ans autre chose qu'une incantation.

Les grands travaux, qu'accompagnent la création de dizaines de milliers d'emplois, des innovations technologiques, de fébriles manœuvres financières, de rendez-vous boursiers, semblent chaque jour conquérir plus sûrement leurs lettres de noblesse dans la galaxie de l'économie. Considérés par ceux qui véhiculent le slogan «Moins de béton, plus de gestion» comme des incitations au gaspillage des ressources publiques, les vastes opérations d'infrastructure relèvent directement ou indirectement du secteur du transport et des échanges, qu'ils concernent les marchandises, les services ou les personnes.

Les grands travaux impliquent toujours une très large part de risques – techniques, géologiques et financiers, bien sûr – mais aussi économiques. Dix ans après leur lancement, les immenses zones industrielles et portuaires de Fos, Dunkerque, Bordeaux, restent aux trois quarts vides et le terminal pétrolier d'Antifer, près du Havre – où les tankers géants devaient venir faire «éclater» leurs cargaisons vers toute l'Europe – ressemble le plus souvent à un désert. Mais qui est à l'abri des erreurs d'appréciation? Comme dit le dicton: «Qui ne risque rien n'a rien.»

François Grosrichard, *Le Monde*, 21 janvier 1986

5B: *Texte de compréhension*

L'INDUSTRIE DU SKI DEVISSE

L'hécatombe! Skis, fixations, anoraks, les industries de la neige sont en train de prendre le plus formidable gadin de leur courte histoire. Rossignol, la gloire mondiale du ski, la coqueluche boursière des années 70, a annoncé la mise en chômage partiel de 1 500 personnes sur 2 000 (si l'on tient compte de sa filiale Dynastar) et a déjà licencié 200 de ses 560 salariés aux Etats-Unis. Salomon, le n° 1 mondial de la fixation, se sépare d'une centaine de personnes à Annecy. Fusalp, filiale du groupe Empain-Schneider, restructure ses unités de fabrication d'anoraks et de combinaisons, c'est-à-dire qu'elle ferme quatre ateliers sur six. Look, n° 1 en France et n° 2 mondial de la fixation, voit sa rentabilité tomber de 20 à 10%.

Qu'arrive-t-il donc à cette industrie qui, il y a un an encore, paraissait en pleine santé? Un accident, d'abord, climatique et imprévisible: les stations de la côte Est des

Etats-Unis n'ont pas reçu le moindre flocon de neige l'hiver dernier. Résultat, les skieurs sont restés chez eux, et le matériel s'est empilé chez les revendeurs. Quand on sait que le marché américain représente 30% des ventes mondiales, on comprend que l'événement prenne, pour les fabricants, des allures de catastrophe. «On a seulement vendu 10 millions de paires de skis cette année, alors que la production mondiale s'est élevée à 11,3 millions de paires», note Jean-Jacques Bompard, chez Rossignol. Les fabricants devront donc réduire leur production de 1 300 000 paires.

Que l'incident américain ait provoqué des dérapages, on le conçoit. Justifie-t-il les dévissages en cascade auxquels on assiste? Certainement pas. Et bien des chutes sont dues, avant tout, de la part des fabricants, à des fautes de carre. «Lancés à toute allure sur un rythme de croissance de 15 à 20% l'an, les professionnels n'ont pas su prendre à temps le virage de la récession», commente Jean-Pierre Lemonnier, PDG de Fusalp. Grisés par l'euphorie des années 70, les industriels se sont suréquipés, allant jusqu'à investir aux Etats-Unis, alors que le marché retombait à des taux de progression de 3 à 5% l'an. «Terminés les temps de croissance à deux chiffres», admet Georges Salomon.

Fini aussi l'appel des cimes? «Au contraire», répond Roger Godino, promoteur des Arcs. Passé de 100 000 en 1958 à 1 million en 1968, puis à 4 millions en 1980, le nombre des skieurs devrait, selon lui, atteindre, dans quelques années, 6 millions. Chiffres confirmés par les stations qui, cette année encore, font le plein: à Courchevel, à Avoriaz, aux Arcs, les dévoreurs de poudreuse ont répondu «présent» dès les premiers flocons, s'agglutinant en cohortes serrées au pied des remontées, lesquelles battent, cette saison, tous les records de fréquentation (près de 15% d'augmentation par rapport à l'an dernier).

Alors? «Alors, c'est le comportement des skieurs qui a changé», note Roger Godino. Devenu populaire, ouvert désormais à une clientèle très large, le ski a cessé d'être l'apanage d'une poignée de privilégiés qui dépensaient sans compter. Les gaspilleurs qui, à chaque saison, s'équipaient de pied en cap, choisissant le dernier modèle estampillé «compétition», la chaussure «injectée», l'anorak et le bonnet dûment frappés du coq gaulois, sont en voie de disparition.

Aujourd'hui, les mordus de la neige font durer leur matériel. «Mes skis ont quatre ans, ils tiendront bien encore une saison ou deux», confie Pierre, pourtant champion du «hors-piste», un de ceux qui piaffent d'impatience à 8 heures du matin, dans la première benne. Les nouveaux venus, eux, s'équipent à l'économie. On emprunte l'anorak et les gants du voisin de bureau, on se contente d'un vieux jean ou de grosses chaussettes, à défaut de la combinaison dernier cri. Et, si l'on ne possède pas l'équipement – skis, chaussures, bâtons – on les loue.

Tant que le marché du ski était un vaste boulevard où tout le monde trouvait sa place, les fabricants pouvaient négliger la concurrence. Mais, aujourd'hui, la compétition est serrée. «Les parts de marché supplémentaires, nous les gagnerons seulement sur nos concurrents», prévient Georges Salomon. Aux fabricants d'en tirer les conséquences. Pour le plus grand profit, sans doute, du consommateur.

Sophie Decosse, *L'Express*, 7 février 1981

Etude du texte

A Répondez aux questions suivantes :

1 Que fabrique la société Rossignol ? Ses affaires vont-elles bien aujourd'hui ?

2 Que fabrique la société Salomon ? Suit-elle la même tendance que Rossignol ?

3 Qu'est-ce qui a changé pour l'industrie française du ski ?

4 Quel effet les aléas du marché américain ont-ils sur les fabricants français ? Expliquez le cas de Rossignol.

5 Les tendances du marché américain expliquent-elles complètement cette situation ?

6 Quelle erreur les industriels ont-ils commise au cours des années 70 ?

7 Les skieurs ont-ils également renoncé aux sports d'hiver ? Et quelles sont les prévisions pour l'avenir ?

8 La fréquentation des stations de ski a-t-elle baissé ou augmenté ces dernières années ?

9 De quelle façon le comportement des skieurs a-t-il changé ? Et quel est le résultat de ce changement pour l'industrie du ski ?

10 Quelle est l'attitude des vétérans du ski envers leur matériel ?

11 Et celle des nouveaux venus ?

12 Jusqu'à quel point la concurrence entre les fabricants a-t-elle été un facteur décisif dans la progression de l'industrie du ski ?

B Faites le plan du texte.

C Résumez-le en 230 mots.

5C: *Exercice de compréhension aural*

LA GUERRE DES SATELLITES DE COMMUNICATION

Questions

1 What is the main aim of the French Telecom 1 communication satellite?
2 Which services will this satellite provide?
3 How much will the current satellite programme cost? And what is the financial return on this programme to date?
4 Was the satellite programme a mistake? Why (not)?
5 What purpose was Telecom 1 intended to serve on the export market?
6 What is the current position on the international market for communication satellites?
7 What is the necessary condition for ensuring the profitability of a satellite programme?
8 How is the French space industry made up? What is its production capacity?
9 Where does the industry propose to sell its satellites?
10 Give the costs involved for a standard satellite programme including production, launching, insurance and ground control.
11 How has the French President undertaken to support the space industry?
12 In what way can Telecom 1 be considered as a symbol?

Lexique

par ce biais in this way, using this means

un siège head office

une filiale subsidiary (company)

une panoplie outfit, package

une liaison link, contact

une impression printing

un fichier d'ordinateur computer file

la prospection prospecting, canvassing

les recettes (f, pl) receipts, revenue

un pari bet, wager

hormis but, save, except

remporter to win, carry off

rentabiliser to make pay, make profitable

cantonné confined, limited

tous azimuts in all areas, in all directions

au bas mot at the very least, at the lowest estimate

une prime d'assurance insurance premium

un enjeu (what is at) stake

Texte

LA GUERRE DES SATELLITES DE COMMUNICATION

Pourquoi toute cette agitation autour de Télécom 1? Ce n'est que l'un des quinze satellites européens de communication qui doivent être opérationnels d'ici à la fin de la décennie. Certes, sa mission principale, celle des transmissions entre les entreprises, est très particulière. C'est la première fois qu'en France les sociétés pourront converser par ce biais, soit entre elles, soit de leur siège parisien à leur filiale lyonnaise, par exemple.

Toute la panoplie des services est offerte: de la simple liaison téléphonique à la téléconférence, en passant par le courrier électronique, l'impression de journaux à distance, le transfert de fichiers d'ordinateurs. Et pourtant, malgré les efforts déployés, les prospections multipliées, pas un seul client véritablement sûr n'a pu encore être retenu. Le coût du programme des trois satellites et des stations au sol est de 3 milliards de francs. Les recettes actuelles sont nulles.

En lançant ce projet en 1979, la Direction générale des télécommunications aurait donc commis une grosse erreur. Pas si évident. Si l'Europe veut être compétitive dans le fabuleux marché ouvert par les 300 satellites civils qui seront placés sur orbite dans les dix ans à venir, elle doit, coûte que coûte, être présente dès maintenant. Et c'est bien le pari engagé, même s'il ressemble encore à un mirage. Télécom 1 doit servir de vitrine à l'exportation: un petit laboratoire technologique destiné à montrer ce que la France est capable de faire dans des conditions de prix raisonnables. Ainsi, le choix stratégique engagé à la fin des années 70 était bel et bien de construire rapidement une industrie spatiale commerciale européenne.

Or, pour l'instant, hormis le célèbre contrat Arabsat remporté par l'Aérospatiale aux côtés de l'américain Ford, dont le premier exemplaire (télécom plus télévision) doit être lancé par Ariane en novembre, jamais un satellite non américain n'a été exporté. Car, pour rentabiliser les satellites, il faut parvenir à contrôler les marges, à allonger les séries, toutes choses que ne peuvent faire les industriels européens cantonnés dans un marché qui demeure trop étroit.

Et si l'industrie spatiale française – essentiellement l'Aérospatiale alliée à l'allemand MBB et Matra à l'anglais British Aerospace – a désormais une capacité de fabrication de huit satellites par an, un seul peut, dans le même temps, être vendu sur le territoire national. On le voit, l'exportation est devenue la condition indispensable de survie alors que c'est en Amérique du Nord que le marché se développe le plus. Chine, Japon, Suède, Argentine, Pakistan: les deux entreprises françaises mènent des discussions tous azimuts pour tenter de vendre leurs satellites de télécommunications ou de télévision. La concurrence est rude.

Lorsque l'on sait qu'un satellite «moyen» vaut environ 40 millions de dollars, soit 120 millions de dollars au bas mot pour un programme classique de trois satellites, qu'il faut compter 25 millions de dollars environ pour un lancement, y rajouter la prime d'assurance qui représente 10 à 15% du coût total, et que le contrôle au sol et les stations de réception sont au moins aussi importants, on mesure plus clairement les enjeux, les risques encourus, les marchés à gagner.

En Europe, d'ailleurs, plus personne ne cache que la guerre des satellites est largement engagée. Au niveau politique, le président de la République multiplie, lors de sommets européens, les interventions sur la nécessité de conquérir ce nouveau marché en pleine explosion. Car, face aux Etats-Unis, l'Europe fait encore figure de lilliputien. Au-delà de son utilisation purement matérielle et commerciale, Télécom 1 est donc devenu un symbole. Le satellite sera là pour prouver, à partir du 4 août, que l'Europe est décidée à se battre bec et ongles pour défendre son territoire dans le ciel: effet dissuasif en même temps que de contre-attaque. A l'ère de la déréglementation mondiale de la communication, la défense passive ne suffit plus.

Valérie Lecasble, *Les Echos*, 1er août 1984

Exploitation du texte

1 Quelle est la contribution des satellites de communication pour les entreprises d'aujourd'hui?

2 Pesez le pour et le contre des enjeux, des risques et des marchés à gagner dans ce domaine.

3 Discutez: «Télécom 1 est donc devenu un symbole.»

5D: Thème

RECENT DEVELOPMENTS IN THE MANUFACTURING OF JEANS

Now that the market has reached saturation point and young people's tastes are changing again, the outlook for the manufacturers of jeans appears rather uncertain. Nearly 40 million pairs of jeans are still sold every year in France, but the traditional blue denim jeans have given way to a new range of sportswear. Manufacturers are accordingly concentrating their efforts on modernising production methods, even if it is increasingly difficult to improve their productivity. Furthermore, manufacturing today bears little resemblance to what it was twenty years ago. It now takes less than a quarter of an hour to make a pair of jeans and nearly all the cloth used is imported, mainly from America.

The market leaders for jeans have already been forced to close more than twenty factories in France and lay off nearly 500 workers. On the other hand, many small manufacturers have managed to extricate themselves from this predicament. In his modernised premises in the suburbs of Beauvais, Jacques Aubert employs sixty people to manufacture 650 pairs of jeans a day. His most sophisticated machines, which cost more than 3 million francs each, give spectacular results. However, even with the most modern manufacturing techniques, Jacques Aubert is only too well aware that, in order to survive, he must always be ready to follow the whims of fashion.

Lexique

le marché est saturé	*améliorer la productivité*	*tirer son épingle du jeu*
il s'en vend	*confectionner un jean*	*une machine perfectionnée*
en toile bleue denim	*licencier des salariés*	*les caprices de la mode*
céder la place à		

6 LA TECHNOLOGIE

6A: *Texte d'introduction*

LE FUTUR AVION DE COMBAT EUROPEEN

Le programme de l'avion de combat européen (FACE) vient de prendre réellement son envol. En juillet, à Madrid, les ministres de la Défense de la France, de la Grande-Bretagne, de la RFA, de l'Italie et de l'Espagne étaient parvenus à un accord de principe sur le développement et la production commune de cet appareil. Jeudi dernier, à Rome, on est passé du domaine des inventions à celui des actes: les chefs d'état-major des forces aériennes des cinq pays concernés (auxquels aimeraient pouvoir se joindre les Pays-Bas et la Belgique) ont signé un document qui va permettre aux industriels d'entreprendre l'étude concrète de faisabilité de l'appareil.

Le scepticisme qu'avait suscité, outre-Atlantique en particulier, l'annonce du lancement d'un programme multinational européen de production d'un avion de combat devrait donc être aujourd'hui quelque peu ébranlé. Cependant, tous les obstacles ne sont pas levés et la concurrence pour se disputer la maîtrise d'œuvre du projet reste vive entre la France et la Grande-Bretagne. Le choix du moteur – le RB-199 amélioré de Rolls Royce ou le M-88 de la SNECMA – et la vocation principale de l'appareil – contrôle de l'espace aérien ou appui au sol – continuent à être l'objet d'un réel désaccord entre Paris et Londres. Cette lutte d'influence sur le programme a des motivations, certes, politiques, mais surtout industrielles: le budget prévisionnel du FACE est de l'ordre de 18,5 milliards de dollars, et il faudra d'ici à 1995 produire 800 à 1 000 appareils pour les armées des seuls pays promoteurs de l'opération.

Le président de la République et le ministre de la Défense ont rappelé, dernièrement, à quel point la France désirait que soient «sauvegardés les intérêts essentiels de son industrie», tout en souhaitant la réalisation de cet avion européen de combat. Il est vrai que la firme Dassault, avec ses Mirage, a su jusqu'à présent faire la preuve de sa compétence technologique et commerciale, alors que le consortium anglo-germano-italien, qui produit les Tornado en série depuis 1980, n'est pas encore parvenu à vendre un seul exemplaire de cet appareil à l'étranger. En renonçant à concevoir et à réaliser seule un avion de combat, la France risque, en effet, de se priver d'une précieuse expérience et d'hypothéquer ainsi sa position favorable dans l'ensemble du secteur aéronautique.

Didier Pavy, *Les Echos*, 15 octobre 1984

6B: *Texte de compréhension*

DU NOUVEAU SOUS LE SOLEIL

La France est dotée d'un climat tempéré: on l'a constaté ce printemps. Quand Pierre Monnier décide d'aménager la bergerie qu'il a achetée à Saussine, dans le nord du Gard, il prend donc un risque: cet ingénieur des pétroles a choisi l'énergie solaire. Pari gagné aujourd'hui: la partie sud de la bergerie est entièrement ouverte au soleil, avec une serre pour mieux piéger les rayons; de plus, dissimulé sous la toiture et derrière les murs, un véritable cocon de laine de verre et de parpaing isole le bâtiment. Six mètres carrés de capteurs fournissent l'eau chaude à la maison. Ça marche.

On peut donc croire au soleil. Les Français commencent d'ailleurs à bâtir la France solaire. Dans ce domaine, on est passé du stade des vœux pieux à celui des réalisations concrètes. Les pionniers ne sont pas des bergers écologistes. On trouve parmi eux aussi bien des architectes et des ingénieurs que des agriculteurs ou des constructeurs publics, comme le montre le *Guide de la France solaire* édité par le Comité d'action pour le solaire, qui paraît cette semaine.

C'est l'heure du bilan pour les énergies nouvelles. En juin 1979, la France célébrait pour la première fois le Jour du soleil. Depuis, chercheurs et pouvoirs publics ont tenté d'ajuster l'espoir et le possible. Parfois difficilement. Mais l'Agence française pour la maîtrise de l'énergie (AFME) a pris l'affaire en main. Cette année, le budget de recherche et de développement des énergies nouvelles atteint 220 millions de francs. Aujourd'hui, l'Agence travaille autour de deux axes: diffuser des techniques disponibles et soutenir des opérations de démonstration.

Un exemple: le chauffe-eau solaire. Il constitue, selon l'AFME, un procédé bien maîtrisé et se révèle économiquement rentable pour un certain type d'installation: piscine, hôpital, habitat collectif. Pourtant, la production française reste à 60 000 mètres carrés de capteurs par an depuis 1981, alors que sa capacité pourrait atteindre 400 000 mètres carrés. L'Agence compte donc promouvoir l'utilisation de ces chauffe-eau: elle souhaite accroître leur nombre de 20 à 30% par an. Mais, pendant que les experts s'affrontent sur les chiffres, quelques défricheurs, eux, passent aux actes. Ils fourmillent d'idées pour saisir ces énergies renouvelables qui sont à leur portée.

A Cambo-les-Bains, par exemple, dans les Pyrénées-Atlantiques, c'est pour tiédir l'eau de sa piscine qu'un habitant a fait appel au solaire. Un système tout à fait original: l'eau circule dans quelque 700 mètres de tuyaux sous une «plage chauffante» constituée par des carreaux en grès sombre. L'installation relève de 3 degrés la température de la piscine. C'est assez pour l'utiliser dès les premiers rayons du printemps.

Près de Lyon, à Dardilly, c'est une usine tout entière qui a été équipée de matériels solaires: la société Pernod, aidée par des subventions de l'AFME et des Communautés européennes, a aménagé son nouveau siège social et son usine d'embouteillage avec des serres et des capteurs à air. L'ensemble doit permettre une économie d'énergie de près de 50%.

L'énergie solaire donne même des idées de profits à certains. André Hermand, maire de Perceneige, petite commune de l'Yonne, a proposé récemment à son conseil municipal d'installer une éolienne. Elle produirait de l'électricité. . . qui serait vendue à EdF. Subventionnée par les organismes régionaux et départementaux, l'entreprise communale devrait rapporter 12 000 francs par an. Electricité de France s'est déjà engagée par contrat à acheter cette énergie.

Cette éclosion de réalisations individuelles frappe d'autant plus que les gros projets publics semblent marquer le pas. Thémis, fameuse centrale solaire thermodynamique de Targassonne, dans les Pyrénées-Orientales, a été définitivement couplée au réseau EdF, sans tambour ni trompette, le 17 mai dernier. Elle a coûté très cher, trop cher. Et son concept même semble aujourd'hui dépassé.

Sylvie O'Dy, *L'Express*, 17 juin 1983

Etude du texte

A Répondez aux questions suivantes:

1 Quel est le risque pris par Pierre Monnier?

2 Comment peut-on dire que le pari de Pierre Monnier a été gagné?

3 L'idée d'une France solaire reste-t-elle le rêve d'une minorité écologiste?

4 Depuis quand date l'intérêt français dans l'énergie solaire?

5 Quelle est la contribution de l'AFME au développement des énergies nouvelles?

6 Quels sont les atouts du chauffe-eau solaire?

7 L'exploitation du chauffe-eau solaire progresse-t-elle bien en France?

8 Décrivez brièvement l'utilisation de l'énergie solaire faite par un habitant de Cambo-les-Bains.

9 Comment la société Pernod a-t-elle su exploiter l'énergie solaire? Et quel en est la résultat?

10 Qui est André Hermand? Quelle proposition a-t-il faite à son conseil municipal?

11 Comment ce projet risque-t-il de rapporter de l'argent à la commune?

12 Le secteur public a-t-il remporté les mêmes victoires dans le domaine de l'énergie solaire? Expliquez.

B Faites le plan du texte.

C Résumez-le en 210 mots.

6C: *Exercice de compréhension aural*

LE METRO DE L'AN 2000

Questions

1 When and where can you try out the new transport system in Paris?
2 What developments are anticipated for this new underground system? When should they enter into service?
3 Describe the main features of the new underground train. What advantages does it offer its passengers?
4 What are the main technical advances incorporated in the new underground train? How will they be tested?
5 Who is Claude Quin? Has he good grounds for satisfaction? Why (not)?
6 What is the general opinion of the Paris underground as expressed by its passengers? How can this view be termed paradoxical?
7 What does 'Aramis' stand for? When and by whom was this system designed?
8 Describe the facilities being installed in the technical centre on the Boulevard Victor.
9 What is a 'doublet'? How do the 'doublets' operate?
10 Which areas of Paris will this new system serve?
11 How long will the tests take? What should be the outcome of these tests?
12 What will remain to be done after these tests? Will it be easy?

Lexique

un essieu orientable rotating axle

un crissement screeching

une caisse bodywork, casing

concevoir (pp *conçu*) to plan, design

RATP Paris Transport System

un atelier workshop

un essai test, trial

mettre au point to perfect (an invention)

un agent employee, worker

un agencement arrangement, construction

une rame (underground) train

un tronçon section, stretch

la petite ceinture inner circle (on underground)

abriter to house, shelter

un attelage coupling

un accouplement connecting, joining (up)

un embranchement junction, branch line

se morceler to divide, split up

une homologation (official) approval

échafauder to amass, build up

Texte

LE MÉTRO DE L'AN 2000

Vous pouvez prendre votre «ticket pour le futur», un banal ticket de métro jaune à bande magnétique brune, depuis hier au Parc de la Villette au Festival de l'industrie et de la technologie. Et sans quitter les limites de la capitale ou de l'Ile-de-France, vous ferez un fabuleux voyage, avant tout le monde, dans les transports en commun parisiens de l'an 2000. Le troisième millénaire, c'est encore loin, mais on voyagera dans «le métro 2000», plus communément appelé «métro-boa», et dans «Aramis» bien avant, sans doute à la fin de cette décennie.

«Le métro 2000» est, en résumé, un train constitué de wagons courts reposant sur deux essieux orientables et permettant entre eux la libre circulation des voyageurs. L'ensemble constituera un indéniable progrès. Outre l'agrandissement de l'espace disponible, cette conception hardie apportera un début de réponse aux problèmes de l'insécurité ressentie par les voyageurs prisonniers de wagons clos.

Ce «métro 2000» propose aussi des solutions techniques appréciables, notamment en supprimant les crissements dans les courbes et en allégeant les structures des voitures. Un prototype à trois caisses a été conçu par les services d'études de la RATP et fabriqué l'an dernier par les ateliers de Vaugirard où il est en essai. Cette mise au point est un des motifs de fierté de Claude Quin, président de la RATP: «Elle a permis, dit-il, un dialogue extrêmement fécond entre la recherche et les ouvriers, techniciens et cadres de la Régie.»

Soucieux d'espérer que «la recherche commence à irriguer toute l'entreprise» dont il a la charge, Claude Quin entrevoit dans ces expériences «une transformation des rapports entre les hommes». Souhaitons que ces rapports se transforment aussi entre les agents de la RATP et les usagers, ces derniers déplorant souvent le peu de considération dont ils sont l'objet. Tout cela est d'autant plus paradoxal que la recherche du progrès technique leur est avant tout destinée. Ainsi, la plus étonnante des inventions dans le transport collectif: le système Aramis. Si les essais sont significatifs, les Parisiens rouleront dans les voitures Aramis bien avant l'an 2000.

Aramis (Agencement en rames automatisées de modules indépendantes en station), qui n'évoque donc pas le souvenir du mousquetaire d'Alexandre Dumas, a été conçu par Matra il y a déjà plusieurs années. La mise en service du centre d'expérimentation technique, situé Boulevard Victor, doit avoir lieu à la fin du premier semestre de l'année prochaine. Son gros œuvre, édifié sur un tronçon de l'ancienne voie de la petite ceinture, est achevé. Le Centre d'expérimentation comprend 1 500 mètres de voie, un bâtiment abritant le Poste de commandement central et l'atelier, une sous-station et un quai. De son côté, Matra construit actuellement cinq «doublets», c'est-à-dire dix voitures pouvant accueillir dix voyageurs chacune.

La circulation des «doublets» s'effectuera en rames. Les doublets d'une rame se suivront à 30 centimètres environ, sans attelage mécanique mais par «accouplement électronique». La mission de chaque doublet étant programmée, la rame, au fur et à mesure des embranchements, se morcellera pour conduire ses voyageurs au point choisi. Ce système de transport automatique particulièrement sophistiqué devrait, en principe, desservir le sud de Paris, en suivant l'ancienne ligne de la petite ceinture avec des embranchements vers plusieurs communes de la banlieue immédiate.

L'expérimentation, boulevard Victor, doit durer dix-huit mois environ et permettre, à son issue, l'homologation du système. Restera, et ce n'est pas la moindre affaire, à échafauder le financement de sa réalisation. Mais muni d'un «ticket pour le futur», il n'est pas interdit de rêver.

Henri-Paul Kern, *Le Figaro*, 31 octobre 1985

Exploitation du texte

1 Faites un commentaire sur l'importance des transports en commun à Paris.
2 Préparez une étude de marché pour une nouvelle ligne de métro.
3 Le métro de l'an 2000 pourra-t-il vraiment transformer les rapports humains?

6D: *Thème*

LAPOINTE'S NEW RANGE OF SCALES

The Lapointe Company, which has already carved out for itself a good share of the French domestic appliance market, is getting ready to enter the market for kitchen and bathroom scales. These new appliances are a world first because of their entirely electronic design. All the kitchen scales automatically allow for the tare while the most sophisticated model converts the quantities in a recipe so as to adapt them to the exact number of guests that the hostess has invited. The bathroom scales are fitted with a detachable digital dial which allows you to read it at eye-level. With its speaking memory, the most expensive model can even tell you your weight out loud.

Lapointe will use its factory near Bonneville in Upper Savoy to manufacture this new range of appliances. Launching these articles is important for the region as, apart from the sixty new jobs created, the project means an investment of over seven million francs. According to Jacques Vaillant, the chairman of Lapointe, the company is again using the same well-tried policy as for the manufacture of its kitchen appliances. This strategy consists in concentrating on a limited number of articles while relying heavily on the latest techniques. But Jacques Vaillant is not giving away all the company's plans: the Lapointe research laboratories are already preparing other top-secret technological innovations for the next sales campaign.

Lexique

se tailler	*une conception électronique*	*une mémoire parlante*
une part de marché	*une première mondiale*	*faire ses preuves*
une balance de cuisine	*faire la tare*	*miser à fond sur*
un pèse-personne	*un cadran digital*	*une technique de pointe*

7 LES TRANSPORTS

7A: *Texte d'introduction*

LES OBJECTIFS DU PORT AUTONOME DE MARSEILLE

Marseille a décidé de jouer la carte du transit international pour tenir la dragée haute à d'autres ports européens, et notamment à Anvers qui lui a ravi l'an dernier la deuxième place derrière Rotterdam. Cette politique, qui s'est traduite par l'installation de «magasins francs», porte ses fruits. Ainsi, le port minéralier de Fos doit devenir un port franc où sera stocké du charbon en transit à destination de l'Italie (dont les ports sont trop chargés pour assurer cette fonction de stockage). Par ailleurs,

le port autonome de Marseille devrait prendre des dispositions pour développer le trafic pétrolier, en transit également.

Mais, pour faire face à la concurrence, le port de Marseille est obligé de consentir des sacrifices. Comme pour attirer l'US-Line, en engageant des investissements de 130 millions de francs pour aménager son quai à conteneurs. Sur ce total, 100 millions de francs seront pris en charge par le port lui-même, ce qui doit l'amener à emprunter entre 30 et 85 millions de francs cette année, déclare Michel Péchère, directeur général du PAM, avec beaucoup de réserve.

Le trafic de conteneurs, qui doit grimper avec la montée en puissance de l'US–Line, constitue l'une des cartes maîtresses. A 180 francs de rapport net pour le PAM par mouvement de conteneurs pour quelque 50 000 mouvements espérés par an, ce sont déjà 9 millions de francs qui tombent dans l'escarcelle du port. Mais, malgré d'autres projets encore, Marseille souffre par rapport à ses concurrents européens des tarifications obligatoires – en particulier routières – qui pénalisent les acheminements à l'intérieur de l'Hexagone et rendent parfois plus intéressantes les exportations via des ports étrangers (la TRO n'existant pas en transport international).

M. Roger Heuillet, président du conseil d'administration du Port autonome, n'a pas caché que de telles situations pouvaient se dégager, au départ de Lyon par exemple. Certes, il n'existe pas de tarification routière obligatoire pour les conteneurs, mais ceux-ci ne représentent que le tiers du trafic du port. De sorte que Roger Heuillet aimerait, pour sauvegarder la compétitivité du PAM et des ports français en général, des assouplissements et notamment un abaissement du plancher de cette TRO. Néanmoins, le président du PAM avance sur ce terrain comme sur des œufs, sachant bien à quel point les transporteurs routiers y sont sensibilisés.

Gilles Bridier, *Les Echos*, 4 avril 1985

7B: *Texte de compréhension*

CONCORDE MET SES HABITS NEUFS

Le supersonique franco-britannique entame une nouvelle jeunesse. Concorde, que tous s'entendaient naguère à envoyer à la ferraille, reprend même du galon. Déjà, au début de l'année 1985, Air France avait annoncé la rénovation à grands frais de la décoration intérieure de toute sa flotte supersonique. Pour ce faire, il avait été fait appel au décorateur Pierre Gautier-Delaye, lequel s'était vu attribuer à cet effet un budget de 2,3 millions de francs.

Après neuf ans de service, il est vrai que les fauteuils, rideaux et moquettes commençaient à paraître fripés. Quant au service de restauration, il n'était pas à la hauteur. Maintenant, c'est au tour des hôtesses de changer de «look» pour marier les tons de leurs robes aux nouvelles décorations du supersonique. Sans doute cette débauche dans le domaine de l'accessoire confirme-t-elle le regain d'optimisme des promoteurs de Concorde. Les derniers résultats de son exploitation, ouverte commercialement depuis 1976, les y encouragent.

Pendant les six premiers mois de 1985, 24 682 passagers ont volé en Concorde, la plupart (22 396) sur la ligne Paris-New York, la seule encore exploitée tous les jours de la semaine par Air France. Par ailleurs, les vols «charters» ou encore les vols à la demande ont progressé: pour le seul mois de juin, 826 passagers ont usé de cette formule, pour un total de 2 286 passagers au cours du premier semestre. Il s'en suit une nette progression du coefficient d'occupation de Concorde.

62,3% des billets ont été vendus au cours des six premiers mois de l'année, soit 2,6 points de mieux que l'an dernier à la même période. En 1984, 48 712 passagers avaient voyagé en Concorde sur les lignes d'Air France, de janvier à juin. Les comptes ne s'en portent que mieux. Depuis deux ans, indique-t-on à Air France, l'exploitation en vol supersonique de Concorde est bénéficiaire: 31,3 millions de francs en 1983 et 63,4 millions en 1984. Des chiffres rassurants qui relèguent aux oubliettes les déconvenues des années 70, se terminant sur le triste record de 342 millions de déficit.

On se souvient du problème de conscience posé aux nouveaux gouvernants de mai 1981, confrontés à des pertes aggravées d'année en année depuis 1976. Des deux partenaires, français et britannique, aucun ne voulut prendre sur lui la responsabilité de mettre fin à la carrière de Concorde. En dépit de son image de «vitrine technologique de l'industrie française», le bel avion au bec crochu commençait pourtant à peser de plus en plus lourd sur les finances de l'Etat, par le biais de dotations plus que rondelettes. Plus délicat également devenait l'exercice consistant à expliquer au contribuable français qu'il était d'utilité nationale de conserver Concorde, fréquenté principalement par les dirigeants fortunés d'entreprises américaines.

Du côte britannique, on ne se pose plus depuis longtemps ces problèmes de conscience. Mieux: on en redemande. Le président de British Airways ne fait pas d'humour quand il se déclare prêt à débusquer le moindre Concorde endormi au fond d'un hangar pour le remettre en bout de piste. «Alpha Golf», le septième Concorde frappé aux couleurs britanniques, qui n'avait pas volé depuis trois ans, a ainsi repris son envol en avril dernier. Les Anglais font par ailleurs des études poussées pour estimer la durée possible de mise en service des appareils si l'on poursuit le rythme d'exploitation actuellement en vigueur.

British Airways a ainsi estimé que le supersonique pourrait voler encore un demi-siècle; elle se déclare prête à exploiter le Concorde pendant une durée minimale de vingt années. Rentabiliser une ligne de prestige au prix actuel du kérosène et au coût d'une main-d'œuvre ultra-qualifiée et nombreuse (on parle de 600 personnes mobilisées par avion, dont 300 techniciens supérieurs) relève de la haute voltige. Plus encore quand on considère le faible parc d'appareils dont dispose Air France. Seize exemplaires à ce jour ont été construits. Ce n'est pas aujourd'hui ni demain qu'il faut s'attendre à voir Concorde franchir le mur de la rentabilité nette.

Philippe Dutertre, *Le Quotidien de Paris*, 12 août 1985

Etude du Texte

A Répondez aux questions suivantes:

1 Quand et comment a-t-on renouvelé le service du Concorde?

2 Qu'est-ce qu'il fallait changer et pourquoi?

3 Qu'est-ce qui justifie les dépenses prévues?

4 Comment le développement des vols charters a-t-il contribué au renouveau du Concorde?

5 Est-ce que le taux de remplissage du Concorde monte ou baisse ces jours-ci? Et qu'en est-il du résultat?

6 Comparez la rentabilité du Concorde aujourd'hui avec celle des années 70.

7 Pourquoi les gouvernements français et britannique n'ont-ils pas décidé de mettre le Concorde hors service?

8 A quel problème délicat le gouvernement français a-t-il dû faire face au début des années 80?

9 Est-ce que les Anglais sont aussi optimistes que les Français en ce qui concerne la rentabilité du Concorde?

10 Quels sont les projets à long terme que les Anglais étudient pour cet avion?

11 Pourquoi coûte-t-il cher de maintenir le Concorde en service?

12 La France possède-t-elle beaucoup d'avions supersoniques? Serait-ce un facteur important lorsqu'on examine la rentabilité du Concorde?

B Faites le plan du texte.

C Résumez-le en 220 mots.

7C: *Exercice de compréhension aural*

LA BATAILLE DU RAIL ET DE L'AIR

Questions

1 Is air travel always quicker than rail travel in France? Why (not)?
2 How do air travel and rail travel between Paris and Lyons compare nowadays?
3 Is air travel from city centre to city centre always quicker on other routes in France? Explain.
4 How do air travel and rail travel between Rennes and Toulouse compare nowadays?
5 What choice do rail passengers increasingly make today? What are the reasons for this choice?
6 Has the gap between first and second class rail travel narrowed or widened? Explain.
7 Is rail travel always cheaper than air travel? Why (not)?
8 Describe the new fares structure introduced by Air Inter.
9 Which other form of transport copied Air Inter's new fares structure? How does this rival structure operate?
10 What are the major fare concessions offered by French Railways?
11 Has renewed competition for cheaper fares given French Railways a clear lead over Air France? Explain.
12 Are the current fares structures easy to follow? What do they allow the keen traveller to do?

Lexique

un parcours journey, run

nuancer to qualify (a claim)

relier to join, link (up)

Satolas, Bron airports in Lyons

Orly-Ouest airport in Paris

une desserte (transport) service, servicing

une voie d'accès access road

un trajet journey

tant s'en faut far from it, not by a long way

un bond leap, jump

s'atténuer to ease, narrow (a gap)

sensiblement appreciably, noticeably

emprunter to take, follow (a route)

un coloris colour, colouring

acquitter to pay, settle

un abonnement season ticket

la concurrence competition

emboîter le pas to follow suit

être en reste to be outdone, be behindhand

s'y retrouver to make sense of, see one's way through

Texte

LA BATAILLE DU RAIL ET DE L'AIR

Même à l'intérieur d'un pays de dimensions réduites comme la France, l'avion abolit réellement le temps. D'aéroport à aéroport, la durée des vols est beaucoup plus courte que celle du parcours des trains, même des TGV. Mais de centre-ville (où se situent les gares SNCF) à centre-ville, l'assertion mérite d'être nuancée.

Ainsi le TGV, sur sa ligne nouvelle, relie Paris à Lyon en deux heures. L'avion, lui, met cinquante-cinq minutes pour rejoindre Lyon-Satolas ou Bron en partant d'Orly-Ouest. Or la desserte de ces aéroports suppose bien une demi-heure de parcours au départ et à l'arrivée à condition, bien sûr, que les voies d'accès ne soient pas trop embouteillées. Sur cette desserte, donc, le train a, de centre-ville à centre-ville, rattrapé l'avion.

Dans tous les autres cas, la suprématie de l'avion dans ce domaine est incontestable. Même si l'on multipliait par deux ou plus les temps de vol pour tenir compte des trajets ville-aéroport, la voie aérienne resterait la plus rapide. Pas de beaucoup sur certains trajets, comme Paris–Nantes ou Paris–Rennes, mais de beaucoup en revanche sur les relations interrégionales. Là, le temps gagné par l'avion est énorme. Oui, mais il n'est pas gratuit, tant s'en faut. Rennes–Toulouse en avion coûte, par exemple, deux fois plus cher que le train en première, et trois fois plus qu'en seconde.

Le train reste, dans tous les cas, moins cher que l'avion. En effet, dans leur immense majorité, les familles et même les couples voyagent maintenant en seconde. C'est que le confort de cette classe a fait, ces années-ci, un grand bond en avant: silence, suspension, décoration, climatisation, etc. Parallèlement, la seconde classe a

fait son apparition dans les trains les plus rapides, auparavant réservés exclusivement aux voyageurs de première. Ainsi les usagers de la seconde classe des TGV ne sont-ils pas les seuls à «rouler» très vite. D'autres peuvent le faire, à 200 kilomètres à l'heure, sur des lignes classiques comme Paris–Toulouse ou Paris–Bordeaux. Il n'y a donc plus aujourd'hui qu'un intérêt très relatif à voyager en première: la marge entre les deux classes s'est très atténuée. Les clients ne s'y sont d'ailleurs pas trompés.

Mais si – en seconde et même en première – le train est sensiblement moins cher que l'avion, il n'en est pas moins parfaitement possible d'emprunter la voie aérienne et de payer moins que par la voie ferrée. A l'origine de ce paradoxe: la «multitarification». Air Inter a lancé les vols rouges, blancs et bleus.

Les vols rouges? Ce sont les plus chargés, en principe réservés aux passagers payant plein tarif. Les vols blancs, moins chargés, admettent avec des réductions variant, selon les relations, de 22 à 36%, les étudiants, les familles, les personnes âgées, et les jeunes. Les vols bleus, censés être les moins fréquentés, sont ouverts à tous les passagers, y compris les jeunes, les étudiants, les conjoints, les familles, les personnes âgées et les groupes, bénéficiant, tous, de réductions allant de 38 à 56%.

La SNCF présente ses jours aux mêmes coloris. Les jours rouges correspondent aux périodes de grands départs. Les jours blancs vont du vendredi 15 heures au samedi 12 heures, du dimanche 15 heures au lundi 12 heures, et incorporent quelques jours de fête. Les jours bleus vont habituellement du samedi 19 heures au dimanche 15 heures et du lundi 12 heures au vendredi 15 heures. Au total: près de 250 jours par an.

La liste des tarifications réduites proposées par la SNCF ne s'arrête pas là: le billet «congé annuel» destiné aux salariés voit sa réduction traditionnelle de 30% portée à 50% si les trajets aller et retour ont lieu en période bleue et si au moins la moitié du prix du billet est acquittée avec des chèques-vacances. Il existe aussi des tarifications spéciales adaptées aux groupes et aux colonies de vacances sans parler, bien sûr, des abonnements.

Air Inter n'est pas en reste. Concurrence aidant, la compagnie aérienne offre des réductions très voisines de celles de la SNCF, cette dernière lui ayant d'ailleurs, plus d'une fois, emboîté le pas sur ce terrain. Pas facile de s'y retrouver, surtout si l'on sait qu'il existe des périodes de «décoloration»! N'empêche: avec de l'habileté et beaucoup de mémoire, on peut voyager en France presque toute l'année sans jamais payer place entière.

Jean-Pierre Adine, *Le Point*, 9 juillet 1984

Exploitation du texte

1 La concurrence dans le domaine des transports va-t-elle toujours dans l'intérêt du voyageur?
2 Mettez en balance les coûts et la rapidité des liaisons ferroviaires et aériennes en France.
3 Rédigez un rapport sur la démocratisation des moyens de transports.

7D: *Thème*

THE IATA ANNUAL REPORT

According to the annual report of the International Air Transport Association (IATA) which was presented yesterday at the Annual General Meeting, the world's airline companies should this year make a profit (after payment of interest) on their regular lines for the first time in six years. Passenger and freight traffic has, in fact, increased by nearly 11% during the first six months of this year compared to the same period last year. This return to financial stability has also been reflected by an upturn in orders for new generation airliners, such as the recent historic agreement between the American giant Pan-Am and the European Airbus Industries consortium.

Nevertheless, as the report indicates, it's not all rosy in the air transport industry. According to the IATA's forecasts, the increase in traffic could fall to 5% next year and 4% the following year. Even if the outlook for financial stability seems bright, profit margins remain subject to the slightest changes in traffic capacity, costs and income. An adverse movement in one of these factors would quickly put the industry back into the red. Finally, the airline companies will have to accept that their profit margins will still not be large enough over the next few years to finance the purchase of the new aircraft which they will need to maintain their current expansion.

Lexique

réaliser un bénéfice	*se traduire par*	*une marge bénéficiaire*
le paiement des intérêts	*une reprise*	*sensible à*
par rapport à	*tout n'est pas rose*	*ramener dans le déficit*
l'équilibre financier		

8 LE COMMERCE INTERIEUR

8A: *Texte d'introduction*

LE CENTRE COMMERCIAL DE MERIADECK

Mériadeck: le centre commerical, 35 000 mètres carrés, 800 millions de francs de chiffre d'affaires, constitue avec La Part-Dieu à Lyon une des expériences en centre-ville les plus importantes de l'hexagone. Le nouveau centre directionnel de Mériadeck préfigure le Bordeaux de l'an 2000. A l'ouest du centre urbain traditionnel, les logements de haut standing côtoient 189 000 mètres carrés de bureaux, des organismes départementaux tels que la Préfecture de Gironde, des équipements de loisirs et la masse imposante d'un centre commercial. Cette dernière implantation marque l'aboutissement d'une volonté municipale. Rénovation couronnée en 1983 par le prix national de l'Art de Vivre.

Premier coup de pioche début 1978: l'ancien quartier dégradé de Mériadeck laisse place le 25 mars 1980 au centre commercial. Coût de l'opération: 180 millions de francs (en valeur 78). Parmi les investisseurs, on trouve la SCI, Société Civile Immobilière (75% des parts), composée par l'UAP, le groupe Drouot-Vie Nouvelle et la BPGF (Banque Privée de Gestion Financière). Mais Auchan et C & A sont aussi copropriétaires en détenant 25% des parts. L'exploitation du centre est assurée par la SARI (Société d'Administration et de Réalisation Immobilière) – également maître d'œuvre – et par l'association des commerçants dont la vocation essentielle est de promouvoir la publicité du centre.

Sur trois niveaux, les 132 boutiques offrent des articles variés mais le prêt-à-porter domine. Au rez-de-chaussée l'hypermarché Auchan, véritable locomotive, représente à lui seul 50% du chiffre d'affaires, avec une surface de 12 000 mètres carrés. Un parking sur cinq niveaux peut accueillir 1 500 véhicules, gratuitement durant une heure et demie. Un avantage appréciable, vu les difficultés de stationnement dans le centre-ville. En mars 1983, Mériadeck s'étend sur 1 450 mètres carrés. Une passerelle couverte relie un deuxième secteur piétonnier comprenant le magasin C & A au corps principal. Deux cent cinquante demandes ont été présentées pour occuper les huit boutiques installées sur la passerelle.

Les commerçants se disent satisfaits malgré des loyers relativement élevés: de 800 à 3 600 francs le mètre carré par an, variable selon l'emplacement, l'étage, la surface, et auxquels il faut ajouter les charges s'élevant en moyenne à 300 francs par an et par mètre carré pour une surface moyenne de 100 mètres carrés. Le centre commercial attire chaque jour 35 000 personnes, belle réussite si l'on songe qu'à La Part-Dieu, ensemble trois fois plus vaste, la fréquentation quotidienne est estimée à 50 000 personnes.

Brigitte Ducasse, *Compus*, avril-mai 1986

8B: *Texte de compréhension*

LE BOOM DE LA VENTE PAR CORRESPONDANCE

En France, un foyer sur deux achète VPC; en Allemagne, trois foyers sur quatre. Son chiffre d'affaires France se monte à 25,5 milliards de francs. Elle occupe 30 000 personnes, 10% du trafic de la poste et 20% de celui de la Sernam. La Redoute, Les Trois Suisses, Camif, Quelle, France-Loisirs ne cessent d'augmenter leur part de marché. Qu'est-ce qui fait acheter par correspondance?

La vente par correspondance ne date pas d'hier. Des livres, déjà, se vendaient sur catalogue au XVe siècle. Les innovateurs furent Villmorin-Andrieux (plantes, graines et arbustes) qui mirent au point une formule qui tient encore le choc aujourd'hui. Suivirent Manufrance en 1883, La Redoute en 1922 et Les Trois Suisses en 1932. Jusqu'en 1960, ces produits étaient plutôt destinés à une clientèle rurale qui, loin des centres commerciaux, appréciait le côté pratique de cette manière d'acheter. Un glissement vers une clientèle urbaine s'est opéré depuis 1960, l'arrivée de l'outil informatique a créé les conditions favorables à une démultiplication d'entreprises intéressées par cette forme de vente.

L'ordinateur gérant le fichier clients, le fichier fournisseurs, les commandes, les stocks, les nouveaux clients, les retours, les factures, le crédit, etc. a permis une prévision des ventes plus exacte, par une meilleure connaissance des goûts et des besoins de chaque frange de la clientèle. Et lorsqu'on sait que 100 000 lettres et 100 000 colis sont envoyés chaque jour, on imagine aisément l'apport fantastique opéré par la gestion informatique. Les entreprises françaises de l'époque ont mis au point, avant les Etats-Unis, des techniques très élaborées de gestion de fichier, ainsi que l'application à la VPC des méthodes modernes de marketing, axant prioritairement leurs efforts sur le marketing direct et la politique de recherche clients.

Le ratissage clientèle se pratique de cinq façons principales:
1 Le catalogue: exemple, 1 000 pages, 20 000 articles.
2 Le publipostage: envelope plus message vendeur, documentation et bon de commande.
3 L'annonce-presse: avec coupon-réponse.
4 Le parrainage: les membres du club peuvent présenter de nouveaux clients.
5 Recrutement par délégués: en porte-à-porte ou par des foires-expositions.

Ce n'est plus l'éloignement des centres urbains qui génère de nouveaux adhérents mais des critères de services: le fait de ne pas se déranger, l'achat réfléchi à tête reposée, les prix attractifs, le fait de pouvoir échanger ou être remboursé, le plaisir de recevoir un colis, la possibilité d'essayer. Les achats textile arrivent en tête, talonnés par les loisirs: livres et disques. Suivent l'horlogerie-bijouterie, les produits de beauté et les plantes et graines.

Deux exemples démontrent la vitalité de la VPC française à l'étranger. La Redoute fonctionne aujourd'hui sur Madison Avenue à New York. Elle possède des boutiques en Allemagne, au Bénélux, au Canada, en Grande-Bretagne sous l'enseigne «Dans un jardin». Elle joue aussi la diversification en prenant une part de 60% dans l'asurance Chêne Vie et Chêne risques divers (Groupe Compagnie Bancaire). Elle ne s'est plantée que dans la reprise des Editions Rombaldi (pertes probables l'an dernier, 20 millions de francs) mais elle a les moyens d'avaler cette couleuvre. France-Loisirs, avec 4 221 000 adhérents, se porte bien en Belgique, en Suisse et au Québec. Les livres vendus avec une remise de 23% ont permis la diffusion de 10 millions d'exemplaires du Larousse en 22 volumes et 950 000 exemplaires des *Enfants de l'Aube* de Patrick Poivre d'Arvor.

Dans un avenir proche, c'est par la télématique que passeront les commandes. L'an prochain, près de 3 millions de foyers seront équipés du Minitel. L'avenir de la VPC est donc assuré.

Bernard Amara, *Carrière Commerciale*, 21 février 1985

Etude du texte

A Répondez aux questions suivantes:

1 Quels sont les chiffres qui révèlent la popularité de la VPC auprès des consommateurs français?

2 Quelle est l'importance de la VPC sur le marché du travail?

3 Quels ont été les grands pionniers de la VPC en France?

4 Pourquoi y a-t-il eu un grand changement dans la clientèle de la VPC depuis 1960?

5 Quelle est la contribution faite par l'informatique dans la gestion de la VPC?

6 Quelles sont les nouvelles méthodes et techniques introduites en France dans la VPC?

7 Comment la VPC se sert-elle de la publicité écrite?

8 De quelle façon les contacts personnels peuvent-ils contribuer à augmenter la clientèle de la VPC?

9 Qu'est-ce qui attire l'intérêt des nouveaux clients aujourd'hui?

10 Quels sont les articles les plus populaires auprès des clients de la VPC?

11 Décrivez brièvement l'opération de la VPC française à l'étranger.

12 Peut-on conclure que les perspectives d'avenir de la VPC sont bonnes?

B Faites le plan du texte.

C Résumez-le en 200 mots.

8C: *Exercice de compréhension aural*

BATAILLE POUR UN HYPERMARCHE

Questions

1 What was the first step taken by Carrefour towards opening a hypermarket in La Glacerie?
2 Give the details of the original plan put forward by Carrefour. How did it compare with existing shopping facilities in Cherbourg?
3 By whom was this plan rejected? Why?
4 When did Carrefour submit a second plan? How did it differ from the first one?
5 Did the Departmental Planning Commission accept the second plan? Explain.
6 Why is Carrefour's project for a hypermarket currently in abeyance?
7 What is the attitude of local consumers and consumer associations towards the planned hypermarket?
8 How did the consumer associations test local opinion? And with what result?
9 When and how did the consumer associations compare the differences in prices between the Carrefour and Continent hypermarkets in Cherbourg and Caen?
10 What conclusions were drawn from this comparison?
11 What was the nature of the petition presented by one of the consumer associations? And in what way was the petition exceptional?
12 How will Carrefour's third plan probably differ from the second plan? And is it likely to win approval?

Lexique

une réponse de Normand an evasive answer

remonter à date back to

l'urbanisme (m) town planning

prévoir to forecast, anticipate, reckon on

par rapport à in comparison with

l'artisanat (m) cottage industry, arts and crafts

une voix pour, contre a vote for, against

l'infrastructure (f) substructure, permanent installations

repousser (1) to reject, turn down; (2) to put back, postpone

routier, –ière road (*adj*)

embrouillé muddled, confused

un partisan supporter

acharné fierce, determined

un relevé list, statement

s'avérer to turn out, prove to be

un écart difference, gap

une enseigne (shop) sign

un mouvement revendicatif protest movement

rester en sommeil to remain dormant, in abeyance

émettre un avis to put forward an opinion

Texte

BATAILLE POUR UN HYPERMARCHE

Cherbourg aura-t-il un jour son deuxième hypermarché? Dans cette région, une réponse de Normand n'étonnera personne: peut-être bien que oui, mais peut-être bien que non. L'affaire remonte au début 82. A l'époque, Carrefour avait demandé à la commission départementale d'urbanisme commercial l'autorisation d'ouvrir un hypermarché sur le territoire de la commune de La Glacerie, près de Cherbourg. Le projet prévoyait une surface de vente totale de 17 100 m^2, employant 510 personnes et prévoyant de réaliser un chiffre d'affaires de 280 millions de francs.

Une entreprise monumentale, donc, par rapport aux 6 250 m^2 de l'hypermarché Continent à Cherbourg, et aux commerces traditionnels de la région. Ce premier projet a été refusé par la commission départementale, puis par le ministre du Commerce et de l'Artisanat, après consultation de la commission nationale d'urbanisme commercial. Motif: il était «de dimensions trop importantes et prématuré».

Qu'à cela ne tienne: dès septembre 82, Carrefour présentait un nouveau projet, un peu moins ambitieux, puisqu'il ne prévoyait plus qu'une surface de vente de 10 100 m^2, au lieu de 17 100. La commission départementale a donné son accord. Ou, plus exactement, elle n'a pas dit non: il y a eu huit voix pour, neuf voix contre et deux bulletins blancs. Or, pour que le projet soit repoussé, il aurait fallu que dix voix «contre» soient réunies. Et tout ce qui n'est pas refusé est accepté. . .

Alors? Eh bien, pour l'instant, l'affaire est toujours en suspens. La commission nationale d'urbanisme commercial a bien donné son feu vert au projet. Par contre, le ministre du Commerce et de l'Artisanat, auquel revient la décision ultime, l'a une nouvelle fois refusé, en arguant notamment de l'insuffisance actuelle de l'infrastructure routière à La Glacerie. Cela, malgré le soutien très ferme donné au projet par les associations de consommateurs locales.

Cette bataille est assez embrouillée, et nous vous en épargnons bien des épisodes et des excès de langage. Mais ce qui la rend très intéressante, c'est que les partisans les plus acharnés de l'implantation du «Carrefour» sont les consommateurs eux-mêmes. En effet, la Fédération des Familles Rurales, qui représente les consommateurs à la commission départementale, et la Fédération des Familles de France, principale association locale, ont effectué un vaste travail d'enquête sur ce sujet, et ont démontré que la concurrence qui serait créée entre Continent et Carrefour par la nouvelle implantation ne pourrait que bénéficier à la population.

Elles ont en effet procédé, début novembre 82, à un relevé de prix portant sur environ 300 articles, d'une part à Cherbourg, d'autre part à Caen. A Cherbourg, les prix étaient relevés chez Continent. A Caen, où une situation de concurrence existe entre des hypermarchés, ils étaient relevés dans deux magasins Continent et un magasin Carrefour. Or, il s'est avéré que les prix de Cherbourg étaient toujours supérieurs à ceux de Caen (l'écart variant entre 4,25% et 7,49%) et donc que Continent accepterait de faire à Caen, uniquement sous la pression de son concurrent, un effort qu'il ne faisait pas à Cherbourg. . . Il est donc évident que la multiplicité des enseignes va dans l'intérêt de la clientèle.

La clientèle a, d'ailleurs, très bien compris le problème, puisque l'Association de défense des consommateurs avait fait parvenir à la commission nationale de l'urbanisme une pétition regroupant 9 610 signatures en faveur de la création de l'hypermarché. Le chiffre est considérable, et il est bien rare que, au niveau local, il atteigne une telle importance dans les mouvements revendicatifs de défense des consommateurs.

Que va-t-il se passer, maintenant? Pendant la période des élections municipales, le dossier est resté en sommeil. Mais il est pratiquement certain que Carrefour va présenter une troisième demande, qui ne sera sans doute modifiée que sur la date d'ouverture, repoussée pour tenir compte des problèmes d'infrastructure routière évoqués plus haut. Dans ces conditions, on ne voit pas comment la commission d'urbanisme pourrait émettre un avis défavorable, tant au niveau départemental qu'au niveau national.

Serge Wojcieckowski, *50 Millions de Consommateurs*, juin 1983

Exploitation du texte

1 Faites une étude de marché pour une nouvelle grande surface dans votre localité.
2 Faut-il protéger les petits commerçants contre les nouvelles formes du commerce?
3 Discutez: «La multiplicité des enseignes va dans l'intérêt de la clientèle.»

8D: Thème

VIDEO-TAPE RECORDER SALES IN FRANCE

While the video-tape recorder market is expanding rapidly throughout the world, its development in France is giving cause for concern. The feeling among French dealers is that last year was a rather poor one. The increase in VAT on the hiring of video-cassettes, doubts about technological developments and the introduction of an annual licence fee figure among the factors which have contributed to putting a brake on this market. The idea of offering sets which can only play recorded cassettes, and which would therefore be free from the licence fee, has not caught on because the vast majority of French customers want to buy a video-tape recorder for the very purpose of recording television programmes.

The statistics certainly show a rise in sales during the first six months of this year: 240,000 sets sold as against 147,000 for the same period last year. However, these figures do not reveal sales to the public so much as sales to the dealers who have stocked up again in the hope that business will pick up at Christmas time. In any case, one thing is certain: video-tape recorders have made a very modest breakthrough in France compared with Germany, where sales of 1.2 million are forecast this year, and particularly with the United States, where sales should be in the region of 6 million this year as against 4 million last year.

Lexique

être en pleine expansion	*freiner un marché*	*regarnir les stocks*
susciter des inquiétudes	*lire une cassette*	*une reprise des affaires*
de l'avis de	*être exempt de*	
l'évolution technologie	*au cours du premier semestre*	

9 LE COMMERCE EXTERIEUR

9A: *Texte d'introduction*

LA REGION RHONE-ALPES A LA CONQUETE DU JAPON

La région Rhône-Alpes est la seule actuellement en France dont le commerce extérieur est excédentaire. Ce n'est pas pour autant que les responsables économiques s'endorment sur leurs lauriers. Au contraire, ils ont décidé d'aller de l'avant afin d'éviter «la douce somnolence technologique et industrielle», dénoncée par Georges Charrière, président de la Chambre régionale de commerce et d'industrie. Aussi à partir d'une idée lancée dès 1980 par le vice-président André Ducret, les Japonais découvriront-ils, du 26 au 30 septembre, les huit départements de la région Rhône-Alpes sous tous leurs aspects.

«Il y a sûrement quelque chose à faire», s'est dit, il y a trois ans, le dynamique président grenoblois de la délégation au tourisme lorsqu'il a constaté que sur quatre cent cinquante mille Japonais qui chaque année visitent Paris, cent mille vont admirer le Mont-Blanc. . . en passant par Genève. Il a su convaincre les industriels et les banquiers de sa ville, puis ceux de Lyon, de Saint-Etienne ou d'Annecy que ce pays méritait une attention particulière.

Avec une rigueur qui n'est pas la qualité principale des Français et une minutie toute nippone, le président Ducret, bénéficiant d'un budget d'un million de francs (dont une subvention de l'Etat de cent mille francs), a mis au point toute une série de rencontres qui ont pour but «de faire connaître le potentiel et les atouts économiques de la région Rhône-Alpes de promouvoir ses produits au Japon, de favoriser l'essor du tourisme japonais dans les Alpes et de développer les échanges existants». Déjà, en effet, deux cent quarante entreprises régionales sont présentes au Japon et 20% du commerce extérieur Rhône-Alpes se fait avec ce pays, qui achète essentiellement de l'uranium enrichi, des spécialités pharmaceutiques et des produits de luxe.

Beaucoup d'autres industriels semblent prêts à tenter l'aventure puisque plus de cinquante ont dû renoncer au voyage organisé par la chambre de commerce qui a estimé suffisante une délégation comprenant cent personnes. Les écueils qu'ont su éviter les organisateurs montrent l'attention qu'ils ont portée à la réussite de cette entreprise. Par exemple, ils ne présentent que des produits de grande consommation qui sont déjà en vente sur le marché; ou, connaissant le peu de jours de vacances dont disposent les Japonais, ils ont misé plutôt sur le nombre de touristes que sur le nombre de jours que chacun d'entre eux pourrait passer dans les Alpes.

Yves Leridon, *Le Figaro*, 14 septembre 1983

9B: Texte de compréhension

LA SURVIE DE L'INDUSTRIE FERROVIAIRE

Remporter les marchés à l'exportation, c'est la condition de survie pour l'industrie ferroviaire. Une activité qui emploie 30 000 personnes et réalise un chiffre d'affaires de près de 10 milliards de francs. En France, il n'y a plus qu'un marché de renouvellement depuis que les deux gros clients, la Société nationale des chemins de fer français et la Régie autonome des transports parisiens, ont ralenti leurs programmes d'investissements. Aussi, de Mexico à Caracas, en passant par San Francisco ou Lagos, retrouve-t-on sur les rangs tous les constructeurs français, une bonne trentaine au total.

   Les industriels français du métro nourrissent de grands espoirs: Hong Kong, Singapour, Pusan (Corée du Sud), Medellín (Colombie), etc. Pour ces villes, le métro constitue le seul moyen de lutte contre l'engorgement, car la démographie galopante entraînera un doublement des populations urbaines dans les douze ou quinze ans. . . Le métro a, en outre, l'énorme avantage d'être économe en énergie.

En 1967, le métro français n'avait pratiquement pas de concurrents. Maintenant, le marché explose, et il existe une bonne dizaine de spécialistes dans le monde, canadiens, américains, allemands et japonais. C'est ainsi qu'en 1981 Francorail s'est vu préférer le canadien Bombardier Inc. pour une commande de 825 voitures destinées au métro de New York. L'année suivante, situation inverse: c'est Francorail qui livre 225 voitures motrices pour ce même métro. De même, Alsthom s'est vu souffler la deuxième tranche du métro d'Atlanta par le japonais Hitachi et la société Budd, filiale américaine du groupe allemand Thyssen.

Difficulté supplémentaire pour les Français: les pays clients tiennent de plus en plus à faire travailler leurs entreprises nationales, en particulier dans les travaux de génie civil. Ils entendent participer également à la construction du matériel roulant. Aussi les commandes d'équipements arrivent-elles au compte-gouttes. Alors que les industriels français ont exporté 550 véhicules lors de la première tranche du métro de Mexico, ils n'en ont vendu que 40 pour la seconde, et 400 voitures ont été fabriquées sous licence au Mexique.

Dans la compétition, le bureau d'études joue le rôle d'un véritable poisson pilote. C'est lui qui, lorsqu'il est choisi, entraîne la procession des industriels, le plus souvent de son pays. C'est ainsi que la Sofretu, filiale de la RATP, a apporté un joli pactole aux firmes françaises, avec une bonne dizaine de contrats. Mais, là aussi, il existe des exceptions: un bureau d'études américain peut faire appel à des fournisseurs français. C'est le cas à Atlanta, où l'ex-Franco-belge, entrée depuis dans le giron d'Alsthom, a été choisie par le n° 1 mondial de l'ingénierie, l'américain Bechtel.

A Caracas, c'est également en faveur de Bechtel que le Venezuela a opté, pour mener les études. Mais là, le client a ensuite imposé un appel d'offres international. Les normes américaines n'ont toutefois pas simplifié la tâche des Français: «Nous avions l'habitude de la fiabilité à l'intuition; il nous a fallu, cette fois, nous aligner sur les exigences de l'industrie aéronautique», explique Robert Tixier, coordinateur du métro de Caracas.

La technique n'est pas la seule arme employée dans ces batailles. Il y a aussi les influences politiques. Il y a surtout les conditions de crédit et les prix. Après une dure sélection, ne restaient en piste à Caracas que les Français et les Japonais. Avec une offre inférieure de 3%, les Français avaient un avantage bien mince dans une négociation aussi serrée. En janvier 1978, les Japonais renversent la situation en proposant d'être payés en dollars, monnaie de référence des Vénézuéliens. Ils se retrouvent, en fin de parcours, de 15% moins chers que les Français.

C'est là que l'imagination financière de la Banque de Paris et des Pays-Bas, chef de file, fait merveille. Patrick Deveaud, directeur chargé du Venezuela, propose alors de tenir compte de la dérive du franc par rapport au dollar. Le crédit reste en francs mais Paribas et la banque américaine Morgan s'engagent à appliquer une décote de 2% sur la monnaie française chaque année, par rapport au dollar, soit, en treize ans, une jolie ristourne. . . Et une première mondiale. Ce sont donc les banquiers qui ont remporté le marché du métro de Caracas. Ils devront faire aussi bien à Singapour et à Hong Kong.

Agnès Rebattet, *L'Express*, 13 mai 1983

Etude du texte

A Répondez aux questions suivantes:

1 Quelle est l'importance de l'industrie ferroviaire dans l'économie française d'aujourd'hui?

2 Pourquoi l'exportation est-elle devenue indispensable pour cette industrie?

3 Pour quelles raisons les industriels français du métro sont-ils optimistes sur leurs perspectives d'avenir?

4 La concurrence existe-t-elle sur ce marché au niveau mondial? Expliquez.

5 Comment Francorail et Alsthom se portent-ils sur le marché international du métro?

6 La concurrence mise à part, quelle est la grande difficulté rencontrée par les industriels sur ce marché?

7 Quel est le rôle du bureau d'études dans l'exportation? Donnez un exemple.

8 Trouve-t-on des exceptions dans les décisions du bureau d'études?

9 Expliquez la situation à laquelle les industriels français ont dû faire face au Venezuela.

10 Quels sont les moyens qu'il faut savoir employer sur le marché extérieur?

11 Comment les Japonais ont-ils essayé d'obtenir le contrat à Caracas?

12 Les Français ont-ils réussi à l'emporter sur les Japonais à Caracas? Pourquoi (pas)?

B Faites le plan du texte.

C Résumez-le en 240 mots.

9C: *Exercice de compréhension aural*

LE SUCCES D'AIRBUS: 25% A 30% DU MARCHE POUR LA FRANCE

Questions

1 What stage have the negotiations between Pan-American Airlines and Airbus Industries reached?
2 Why is there a sense of urgency in these negotiations in Europe?
3 When did Airbus Industries first enter the American market? Give the details of the contract.
4 What were the details of the proposed contract with TWA? Why was the contract not concluded?
5 How many aircraft have Airbus Industries subsequently sold to American airlines?
6 Give the details of Pan-Am's letter of intention.
7 How much would this contract be worth to Airbus Industries? Why would it be timely for Airbus?
8 How many aircraft did Airbus recently have in stock? Account for the name used to describe these aircraft.
9 Who is Monsieur Bernard Lathière? What is his current mood?
10 Why will France's share of this contract be limited? Explain fully.
11 How many Airbus aircraft will be manufactured next year? Will the contract with Pan-Am increase this number?
12 Which two factors influenced Pan-Am in their decision to buy Airbus?

Lexique

un A–300, un A–310, un A–320 versions of Airbus

concrétiser to put into concrete form

une percée breakthrough

de taille large, important

un appareil aircraft

marquer un essai to score a try

décrocher to obtain, land

afficher to exhibit, display

assidu painstaking, unremitting

sans lendemain short-lived

arriver à point to arrive just at the right moment

le gros paquet large number, majority

une aubaine windfall, good fortune

une pièce part, component

dans l'immédiat for the time being

une charge de travail workload

une cadence de production production rate

libeller to draw up, make out

séduire to appeal to, win over

Texte

LE SUCCES D'AIRBUS : 25% A 30% DU MARCHE POUR LA FRANCE

La décision de principe de la compagnie aérienne Pan-American Airlines, concrétisée par une lettre d'intention, d'acquérir quarante-quatre appareils de la famille Airbus, dont seize en «leasing», devrait permettre au consortium aéronautique européen Airbus Industries de réaliser une percée de taille sur le marché américain. Percée d'autant plus importante que Pan-Am a pris également une option sur quarante-sept Airbus supplémentaires, ce qui porterait à quatre-vingt-onze le nombre des appareils en balance. D'une certaine manière, cette opération apparaît comme un essai marqué par l'Europe, mais qu'il convient de transformer au plus vite en commandes fermes, tant il est vrai que le client peut toujours, contre le paiement d'indemnités, rompre ses engagements.

A ce jour, le seul contrat significatif qu'ait décroché Airbus Industries aux Etats-Unis remonte à 1977. Le consortium avait alors vendu trente-quatre A–300 à Eastern Airlines. Mais, malgré la satisfaction affichée par cette compagnie et les efforts assidus d'Airbus, la vente était pratiquement restée sans lendemain. En 1979, notamment, le grand concurrent d'Airbus aux Etats-Unis – Boeing – était parvenu, au dernier moment, à dissuader la compagnie aérienne TWA de s'équiper pour quelque 500 millions de dollars du même A–300 que celui utilisé par Eastern. Depuis, seuls quelques appareils supplémentaires volent pour deux compagnies aériennes américaines: deux Airbus d'occasion exploités par North Eastern et un autre que Capitol Air fait voler.

La situation pourrait donc changer avec la Pan-Am dont la lettre d'intention porte sur:
– le leasing temporaire de douze A–300 et de quatre A–310;
– l'achat de douze A–310 et de seize A–320;
– la prise d'option d'achat de treize A–310 et de trente-quatre A–320 supplémentaires.

Ce fabuleux contrat potentiel, l'un des plus gros passés par une compagnie étrangère, arrive à point pour le consortium Airbus Industries. En effet, les vingt-huit appareils que devrait acheter Pan-Am (douze A–310 et seize A–320) représentent un marché de 1 milliard de dollars aux conditions économiques d'aujourd'hui. Or ce n'est un secret pour personne qu'Airbus avait ces dernières années des difficultés à vendre ses appareils en raison de la crise que traversaient les transporteurs aériens. C'est ainsi qu'Airbus avait en stock, voici peu encore, vingt-quatre appareils neufs, connus sous le nom de «queues blanches», parce qu'ils n'étaient attribués à aucune compagnie.

Depuis, quelques-uns d'entre eux ont été placés, mais le gros paquet restait sur les bras des Européens, aujourd'hui ravis de l'aubaine. Aussi comprend-on l'enthousiasme de M. Bernard Lathière, administrateur gérant d'Airbus Industries, qui, à l'annonce de cette lettre d'intention, s'est félicité de la stratégie de son consortium. Il ne faut cependant pas oublier que la France, compte tenu de sa participation dans Airbus Industries, ne récupérera dans cette affaire que 25 à 30% du montant total du contrat et que, d'autre part, 90% environ des pièces que l'on remplace tout au long de la durée de vie de l'avion sont d'origine américaine. Enfin, il est clair que, dans l'immédiat, la commande de nouveaux Airbus ne devrait pas donner de charge de travail supplémentaire aux industriels européens, qui, l'an prochain, n'auront qu'une cadence de production de deux avions et demi par mois.

Il n'en reste pas moins vrai, comme le faisait remarquer un responsable d'Airbus Industries, que l'intention de Pan-Am «a permis de lever certaines inquiétudes». En fait, la situation était mûre. Pan-Am ayant un «besoin urgent» en capacité de transport supplémentaire, le fait d'avoir des avions livrables «très rapidement» a été un «facteur décisif». Il y a tout lieu de croire aussi que les conditions financières proposées par les Européens pour la conclusion de ce contrat, qui sera vraisemblablement libellé en dollars, ont été de nature à séduire les dirigeants de Pan-Am.

Jean-François Augereau et Bernard Guette, *Le Monde*, 15 septembre 1984

Exploitation du texte

1 Quelles sont les considérations financières qui sont en jeu dans la négociation d'un contrat tel que celui-ci?
2 Rédigez un rapport sur la coopération européenne dans l'industrie aéronautique.
3 Examinez l'importance du marché américain aujourd'hui.

9D: *Thème*

THE INTERNATIONAL COFFEE MARKET

The seventy-three member countries of the International Coffee Organisation (ICO) have been meeting in London since 15th September. The main items on the agenda are the fixing of the export quotas for the coffee year (which begins on 1st October) and the setting of a new intervention price bracket, currently between 130 and 150 US cents per pound weight. Germany and Holland have even proposed that the quota system be scrapped in order to increase the coffee supply and thereby reduce prices. There is a great deal at stake as the international trade in coffee (12 thousand million dollars a year) makes this commodity second in importance to oil.

The coffee-producing countries, which account for 99% of the world supply, have set their total exportable quota at 63 million sacks (of 60 kilos), 4.3 million more than at the beginning of the previous season. They are also asking for a 10 cents increase in the price bracket. On the other hand, the consumer countries have vigorously thrown out any proposals aimed at increasing the world coffee price and are asking for a greater increase in export quotas. Consumption is picking up in the United States, Canada and Japan, they argue, while the current shortage of African coffee is likely to continue for many months to come.

Lexique

un pays producteur ou consommateur	*fixer, la fixation*	*l'offre mondiale*
se réunir	*un quota d'exportation*	*rejeter une proposition*
l'ordre du jour	*une fourchette de prix*	*viser à*
	un enjeu	

10 RELATIONS EXTERIEURES

10A: Texte d'introduction

LE COMITE FRANCE-CHINE

Le Comité France-Chine – Association pour le Développement des Relations économiques et de la Coopération entre la France et la Chine – est reconnu par les autorités chinoises comme le seul interlocuteur représentant l'ensemble des entreprises françaises. A ce titre, le comité est chargé d'organiser en France le séjour d'un certain nombre de délégations chinoises à caractère économique. Du 11 au 19 mars, le comité programmait l'accueil en France de la délégation du Shandong conduite par le Gouverneur, Liang Buting.

Le Shandong est une province chinoise de $153\,000$ km^2, avec plus de $3\,200$ km de côtes, et 75 millions d'habitants. La province produit du charbon, du pétrole, du gaz et de l'or (premier producteur chinois). L'aquaculture tient une grande place dans la province du fait de l'importance de la façade maritime. Quant à l'industrie légère, les deux secteurs qui comptent sont le textile – la célèbre soie sauvage de Shantgung – et l'agro-alimentaire avec la bière de Qingdao.

Le Shandong est la quatrième province exportatrice de Chine. Les principaux partenaires sont Hong Kong, Macao et le Japon. La politique d'ouverture de la Chine s'est concrétisée au Shandong par l'ouverture d'une zone de développement économique dans deux ports (Qingdao et Yantai) afin d'accueillir les investissements étrangers. Ceux-ci peuvent se réaliser sous la forme de sociétés à capitaux mixtes, de sociétés à capitaux entièrement étrangers, de commerce de compensation ou de transferts de technologie.

Un protocole de coopération a été signé le 12 mars entre la Bretagne et le Shandong. L'analogie entre les climats, situations géographiques et ressources naturelles des deux provinces a favorisé la création de liens privilégiés. D'après le Gouverneur du Shandong, «il ne s'agit pas d'un jumelage de type folklorique mais de la mise en chantier d'une autoroute, de la collaboration économique entre les deux provinces».

Le Comité France-Chine ne se préoccupe pas simplement d'organiser des contacts entre les deux pays mais il diffuse aussi toutes les informations concernant l'économie et le commerce de la République Populaire de Chine. Le Comité est avant tout et surtout à la disposition des entreprises françaises qu'il reçoit de manière permanente pour les conseiller, voire les initier au marché chinois et les faire bénéficier des relations étroites nouées avec les autorités chinoises.

Gilles Forestier, *Carrière Commerciale*, 4 avril 1985

10B: Texte de compréhension

L'Algérie livrera à la France chaque année 9,15 milliards de mètres cubes de gaz à un prix légèrement supérieur au cours mondial

UN ACCORD QUI SE VEUT EXEMPLAIRE POUR LES RELATIONS NORD–SUD

Avec la signature d'un avenant sur les prix qui modifie les trois contrats en cours entre la France et l'Algérie en matière de gaz, s'achève une négociation qui aura duré plus de deux ans. Tirant la leçon de l'impréparation de l'opinion publique à la conclusion de l'accord franco-soviétique, MM. Cheysson, ministre des relations extérieures, et Hervé, ministre délégué chargé de l'énergie, ont tenu, tôt dans la matinée du 3 février, à expliquer l'esprit de cette coopération nouvelle.

Le fait que les dernières discussions, dans la nuit de lundi à mardi, aient été menées par M. Cheysson, montre bien qu'il ne s'agit pas d'un contrat comme les autres. Le communiqué commun souligne d'ailleurs «la volonté manifeste des dirigeants des deux pays de sécuriser et de valoriser le revenu tiré des ressources naturelles, aspect fondamental de la relation Nord-Sud souvent mis en évidence par le gouvernement algérien et auquel le gouvernement français entend contribuer».

«Le gaz est la principale ressource de l'Algérie, ajoute le ministre des relations extérieures, il est normal que les Algériens cherchent la meilleure valorisation de cette matière première et une sécurité d'écoulement pour celui-ci.» Le prix retenu est donc politique.

«Le prix et les clauses d'indexation sont confidentiels, affirme M. Cheysson, comme il se doit pour un tel contrat commercial.» Il reconnaît toutefois qu'il est «plus élevé que certains». En fait, il serait légèrement supérieur à 5 dollars FOB (c'est-à-dire au départ des ports algériens) par million de BTU et de l'ordre de 6 dollars une fois regazéifié en France. Soit un prix supérieur environ de 20% à celui sur lequel Gaz de France et Soyouzgaz Export, l'exportateur soviétique, se sont accordés il y a douze jours et qui était au niveau du marché mondial. Le budget de l'Etat français versera donc une «prime de valorisation de la matière première».

En revanche, l'Algérie, «pays souverain», pourra disposer comme elle l'entend de cet argent. Autant dire que l'idée d'un fonds de développement est abandonnée. Une telle solution avait aux yeux des Algériens des allures passéistes de paternalisme et de néo-colonialisme. Cela n'empêchera pas les relations entre les deux pays de reprendre «dans un cadre nouveau et très ambitieux, exemplaire», dit-on au Quai d'Orsay. Et de rappeler la confirmation de l'affectation d'une quinzaine de projets industriels à des entreprises françaises pour 12 milliards de francs rapatriables.

Cet accord, s'il met heureusement fin à un contentieux qui empoisonnait les relations entre les deux pays et affectait les liens privilégiés entre Paris et Alger, n'en pose pas moins dans le domaine de l'énergie un certain nombre de questions. La stabilisation des cours des matières premières est, à n'en point douter, un des objectifs majeurs des pays industrialisés les plus avancés en matière de dialogue Nord-Sud. Et M. Cheysson a raison de souligner que peu jusqu'à présent a été fait.

Les cours des matières premières énergétiques n'ont cependant plus rien à voir avec ceux des produits vitaux pour de nombreux pays (cuivre, café, cacao, etc.). Le prix du gaz – s'il n'a pas augmenté aussi rapidement que celui du pétrole brut – n'en a pas moins été multiplié par quinze en francs courants en moins de dix ans.

La France redistribue ainsi aux pays producteurs d'énergie quelque 150 milliards de francs chaque année. D'où les risques, en acceptant un prix supérieur de 15 à 20% de ceux des principaux contrats gaziers en cours dans le monde, d'une contagion à la hausse des cours du gaz. Car cette politique «exemplaire» à l'égard de l'Algérie sera applicable à tous les autres contrats en cours de négociation avec des pays du tiers-monde: Cameroun, Nigéria et bientôt le Congo, l'Angola, Trinidad et Tobago. Seule la publication des termes du contrat – prix et modalités d'indexation – sera de nature à apaiser ceux qui craignent qu'en acceptant l'essentiel des revendications algériennes la France n'ait pris le risque de casser le marché du gaz.

B. Dethomas et D. Junqua, *Le Monde*, 4 février 1982

Etude du texte

A Répondez aux questions suivantes :

1 Décrivez l'avenant que la France et l'Algérie viennent de signer. Combien de temps cette négociation a-t-elle duré?

2 Qu'a-t-il fallu expliquer et à qui? Pourquoi?

3 Ce contrat franco-algérien ressemble-t-il aux autres contrats internationaux? Pourquoi (pas)?

4 Le gaz est-il important pour l'Algérie? A-t-il eu une influence déterminante sur cet accord avec la France?

5 Combien le gaz algérien va-t-il coûter à la France? Peut-on en savoir le prix exact?

6 La France paie-t-elle le gaz algérien plus cher que le gaz soviétique? Pourquoi (pas)?

7 L'Algérie sera-t-elle libre de disposer de ces recettes? Pourquoi (pas)?

8 Le gaz mis à part, les relations entre la France et l'Algérie s'annoncent-elles être bonnes pour l'avenir?

9 Cet accord a-t-il résolu tous les problèmes entre la France et l'Algérie dans le domaine énergétique?

10 Peut-on comparer le prix du gaz avec celui du pétrole brut sur le marché international?

11 Le contrat gazier entre la France et l'Algérie risque-t-il d'avoir des répercussions sur le prix du gaz? Expliquez.

12 Pourquoi conseille-t-on de rendre publics les termes du contrat gazier entre la France et l'Algérie?

B Faites le plan du texte.

C Résumez-le en 220 mots.

10C: *Exercice de compréhension aural*

L'OUVERTURE DE LA FRONTIERE FRANCO-ALLEMANDE

Questions

1 Why was there a certain amount of confusion on the Sarrebruck-Forbach motorway on 15th July?
2 When and how were the new measures decided?
3 What are the motorists who have nothing to declare asked to do when crossing the border? Are the border signals sufficiently clear?
4 What has changed for motorists crossing the Franco-German border?
5 Do French people still have to pay duty on goods brought from Germany into France? Explain fully.
6 Will checks at border posts be carried out in future? Why (not)?
7 Will French people living near the border benefit from these new measures?
8 Which section of the population stands to lose as a result of these measures?
9 Are customs and police officers happy with these measures? Why (not)?
10 How will long distance lorry drivers be affected by present and future developments in customs clearance?
11 What further steps are planned to improve controls on people and goods crossing the Franco-German border?
12 How does the speaker sum up the current series of measures concerning border crossings?

Lexique

un poste frontière border, frontier post

une levée raising, easing

entrer en vigueur to come into force, into effect

à la hâte hastily, hurriedly

un sommet summit (conference)

un dispositif regulation, law

franchir to cross

une affichette sticker

être muni de to be equipped with, in possession of

être tenu de to be obliged to

acquitter to pay

la franchise douanière exemption from customs duties

faire une fouille to carry out a search

se faire prendre en infraction to be caught committing an offence

un frontalier inhabitant of the border zone

un désagrément trouble, inconvenience

équivaloir à to be equivalent to, amount to

un ressortissant national (of a country)

un stupéfiant drug, narcotic

Texte

L'OUVERTURE DE LA FRONTIERE FRANCO-ALLEMANDE

Le dimanche 15 juillet, les agents du poste frontière de l'autoroute Sarrebruck-Forbach ont découvert les premiers effets de la levée des contrôles douaniers entre la France et l'Allemagne fédérale, entrée en vigueur le matin même. Cette mesure a été décidée à la hâte après le sommet franco-allemand de Rambouillet, en mai dernier, sans qu'on en ait prévu toutes les conséquences. Et, pour l'heure, elle entraîne surtout la confusion.

C'est seulement le 1er août que le nouveau dispositif sera définitivement mis en place. Les automobilistes de la Communauté européenne qui n'auront rien à déclarer à la douane pourront alors franchir la frontière sans s'arrêter, à condition de coller sur leur pare-brise une affichette verte réglementaire, disponible, en principe, dans les agences de voyages et les stations-service. En attendant, on s'est contenté de remplacer le «stop» obligatoire par un feu, également vert. Mais ce signal hautement symbolique, qui supprime d'un coup une barrière vieille de plusieurs siècles, est, dans la pratique, bien difficile à interpréter.

Qu'est-ce qui change au juste pour les voyageurs? Absolument rien en ce qui concerne la réglementation. Ils doivent toujours être munis des mêmes papiers d'identité. Ceux qui introduisent en France des marchandises fabriquées en Allemagne fédérale sont tenus, comme par le passé, d'acquitter la TVA si la valeur de ces marchandises dépasse la franchise douanière, fixée à 2 000 francs actuellement. La nouveauté réside dans la souplesse d'application. «Désormais, on fait a priori confiance aux citoyens de la Communauté», explique un responsable des douanes.

Concrètement, le passage sans arrêt de la frontière signifie que le contenu des coffres à bagages n'est plus systématiquement examiné. En conséquence, il devient plus facile de passer de l'argent ou des produits de consommation au-delà des limites imposées par la loi. Mais, attention! des fouilles peuvent être faites à tout moment et ceux qui se feront prendre en infraction paieront une amende.

Les plus satisfaits de ce changement sont peut-être les soldats français stationnés sur le territoire de la RFA, qui pensent déjà à s'acheter des chaînes hi-fi, vendues moins cher en Allemagne qu'en France. Les frontaliers, eux, ne voient pas quels avantages ils tireront de la nouvelle situation, car, pour la plupart des produits, les prix en marks demeurent trop élevés. Certains s'attendent même à des désagréments. «Avec la suppression des contrôles pour les voyageurs, les grands trains n'auront plus de raison de s'arrêter à Forbach, remarque un chaffeur de taxi de cette ville frontière. Du coup, nous allons perdre de la clientèle.»

Sur le terrain, les douaniers et les policiers des frontières ne cachent pas leurs doutes. Leurs administrations, disent-ils, ont tout fait depuis plusieurs années pour rendre plus fluide le trafic à la frontière. On est maintenant descendu au minimum de sécurité en matière de contrôle. Descendre plus bas équivaudrait à faciliter le passage aux terroristes et aux marchands de drogue.

Les moins concernés, dans l'immédiat, sont à coup sûr les routiers, qui restent tenus aux mêmes formalités. Mais on étudie les moyens de faciliter le trafic commercial lui-même. Une importante mesure de simplification devrait s'appliquer dès le 1er janvier prochain: l'instauration d'un document de douane unique valable pour les différents pays traversés.

Surtout un progrès de façade, cette tentative d'ouverture de la frontière franco-allemande? Pas seulement. Elle ne constitue, en fait, qu'un début. D'autres étapes sont prévues: la révision, dès l'an prochain, des règles régissant la délivrance des visas, pour éviter que des ressortissants de l'Allemagne de l'Est entrés en RFA ne passent sans contrôle en France; et l'harmonisation du droit français et du droit allemand sur les étrangers, les armes et, précisément, les stupéfiants.

Au total, c'est une avancée spectaculaire vers l'Europe de la libre circulation des biens et des personnes. L'Europe à deux vitesses, sans doute, qui privilégie les rapports entre deux puissances. Mais les efforts des Allemands et des Français viennent après ceux que les pays du Bénélux ont faits eux-mêmes pour abolir entre eux les frontières. Le mouvement paraît irréversible.

Michel Jacques, *L'Express*, 20/26 juillet 1984

Exploitation du texte

1 De quelle façon pourra-t-on faciliter le trafic commercial en Europe?
2 Faites un commentaire sur les dangers posés par la levée des contrôles douaniers.
3 La libre circulation des biens et des personnes: espoir vain ou objectif pratique?

10D: *Thème*

FRANCO-SWEDISH CO-OPERATION

After being officially received in Norway on 14th and 15th May, the French President arrived in Stockholm on 16th May. It was the first time since 1914 that a French Head of State had visited Sweden. Even if this visit seems at first sight to have achieved little, the French Government is anxious to stress that the way to build Europe is by tightening the links with all European countries, including those outside the Community. The French President and the Swedish Prime Minister each set out quite different policies rather than draw up joint proposals, particularly in the vital areas of peace and safety.

The French and the Swedes preferred to emphasize industrial reorganisation, new technology and scientific research. As in Norway, the French President declared that this was the area where he wished to encourage European co-operation. On 16th May he accordingly visited the Royal Academy of Science in Stockholm which awards the Noble prizes for Physics and Chemistry and which includes several French scholars in its numbers. On 17th May the French Minister of Industry opened a Franco-Swedish conference on the theme of 'Science, Technology and Industry in the Year 2000'. The aim of this conference was to stimulate Franco-Swedish co-operation, which is still only in its infancy, in the car industry, in space research and in telecommunications.

Lexique

recevoir en visite officielle	*exposer une politique*	*compter parmi ses membres*
resserrer des liens	*formuler une proposition*	*inaugurer un colloque*
construire l'Europe	*mettre l'accent sur*	*en être à ses débuts*
faire partie de	*décerner un prix*	*les recherches spatiales*

11 L'ÉCONOMIE

11A: Texte d'introduction

L'INDICE DES PRIX

La France vit au rythme de l'indice des prix à la consommation. C'est si vrai qu'il est bien rare que les médias ne fassent pas leurs gros titres sur la hausse mensuelle, aussitôt qu'elle est communiquée par l'INSEE. Et c'est bien normal, après tout: ce chiffre, qui n'est pas un indice du coût de la vie (comme le croient certains à tort), mais un instrument de mesure de la variation des prix à la consommation des ménages, joue en effet un rôle important dans l'économie nationale. Qu'il soit attendu ou redouté, il sert en effet de référence dans les négociations salariales, il intervient dans le calcul de l'évolution des prestations familiales, des rentes viagères, des pensions alimentaires, etc. . .

La hausse de cet indice, qui permet aussi, pour une part, de mesurer les variations du pouvoir d'achat, est souvent considérée également comme un verdict rendu sur la

politique économique du gouvernement. Du reste, comment s'en étonner, puisque les gouvernements eux-mêmes, à grands coups de campagnes publicitaires, affirment au pays que l'indice sera en quelque sorte le juge de la réussite ou de l'échec de leur politique? A la longue, l'indice des prix peut même devenir l'indice de popularité du ministre!

Mais voilà: l'indice est contesté. L'indice? Plutôt les indices. Depuis les années soixante-dix, les organisations syndicales calculent, elles aussi, leur propre indice, pour appuyer les revendications des salariés. Tous les syndicats, à l'exception de la CGT, utilisent les résultats des indices de prix des 295 postes de consommation calculés par l'INSEE, mais les pondèrent différemment. La CGT est la seule organisation syndicale à calculer régulièrement (depuis 1972) un indice de prix à partir de ses propres relevés de prix. L'indice CGT est aussi le seul indice syndical dont la notoriété soit telle que les médias lui fassent écho.

Par ailleurs, plusieurs associations de consommateurs élaborent des budgets-types: si un indice des prix n'a pour objet que de mesurer la variation des prix, un budget-type cherche à mesurer des dépenses (en quantité et pas seulement en variation) correspondant à un niveau de vie décent. Le consommateur peut évidemment se référer à ces deux types d'instruments, complémentaires du reste. Mais aucun indice, aucun budget-type ne sont à eux seuls une information suffisante pour lui permettre d'exercer son véritable rôle d'arbitre: faire jouer la concurrence, en usant de toute sa vigilance.

Christian Colcombet, *50 Millions de Consommateurs*, mai 1984

11B: *Texte de compréhension*

LA CAMPAGNE «ACHETER FRANÇAIS»

«Acheter français»: l'expression n'est jusqu'ici employée que par le PC et par la CGT – et encore avec prudence. Mais elle serait bien vite populaire si elle était reprise par les grands moyens d'information. Beaucoup de Français sont convaincus que si le mot d'ordre était mis en pratique, le chômage baisserait. En fait, la formule est pratiquement impossible à appliquer par le consommateur, elle est injustifiée, elle nous exposerait à des représailles et elle nous mettrait sur la touche face à la révolution technologique qui va bouleverser le monde.

Difficile à mettre en œuvre par le consommateur: la preuve est facile à apporter quand on regarde les dessous de ce que cachent les marques. Laissons de côté l'alimentation, tout en sachant que si vous achetez une côtelette de porc, il y a une chance sur cinq pour que l'animal vienne d'Allemagne ou des Pays-Bas, et que si vous achetez du beurre dans l'Est de la France, il y a autant de chances pour qu'il vienne d'Allemagne. Regardons l'électroménager. Bauknecht est une marque d'outre-Rhin. A délaisser? Mais toutes ses productions vendues en France sont fabriquées chez nous. Philips et sa sous-marque Radiola sont hollandais? En fait, la grande firme des Pays-Bas a réparti sa production en confiant un ou deux produits aux principaux pays européens pour arriver à des séries longues. Ce qu'elle fabrique en France est en partie exporté, ce que vous lui achetez est peut-être importé. La balance commerciale de Philips-Radiola nous est favorable.

«Acheter français» est un mot d'ordre injustifié parce que nos achats à l'étranger sont, dans une proportion appréciable, incompressibles: tout notre pétrole, la majeure partie de notre gaz, une part importante du charbon utilisé, la quasi-totalité des métaux – minerai de fer, cuivre, étain, zinc – , toute la laine et tout le coton, les produits tropicaux qui ne viennent pas de nos possessions d'outre-mer, surtout le café, le cacao, l'arachide. Au total, un débours de plus de cent cinquante milliards de francs. Par contre, nous avons un excédent de cinquante milliards au moins dans l'agro-alimentaire et les produits industriels, sans compter les bénéfices du tourisme, de nos banques et de nos compagnies d'assurances, des activités d'ingénierie et de conseils à l'étranger. Il reste donc un déficit de quatre-vingt-dix à cent milliards de francs, mais ce n'est pas le protectionnisme qui permettra de le réduire.

«Acheter français» est une formule qui nous attirerait des représailles. D'abord, se répandrait hors de nos frontières le mot d'ordre «N'achetez pas français», utilisé déjà en Espagne après l'attaque des camions transportant des fruits et des légumes d'outre-Pyrénées. On serait très vite amenés à mettre des droits de douane et des restrictions quantitatives sur les importations. Et, pour compenser, d'accorder une aide massive à nos exportations. Quel pays, en représailles, n'en ferait pas autant? Ce serait la rupture du Marché commun, dont le fonctionnement repose sur la libre circulation des marchandises. Nous serions mis au ban de la communauté des pays industrialisés. Ce serait la fin de la participation active de la France au règlement des problèmes internationaux.

«Acheter français» signifie le repli sur soi. Nos industriels reconstitueraient les ententes sur lesquelles ils ont vécu avant la guerre et immédiatement après. La conséquence serait une hausse des prix. Qu'on pense à l'automobile: elle vend à l'étranger 50% de sa production. Si ces exportations cessaient – et même en supposant qu'elle reconquière les 30% de notre marché intérieur actuellement pris par les marques d'autres pays – notre industrie nationale devrait licencier 40% de son personnel. Les constructeurs français ne seraient plus stimulés par la concurrence qui les oblige à se mettre au niveau mondial: ils y sont parvenus pour certains produits; ils seront contraints d'y arriver pour tous.

La seule politique efficace consiste à rester dans l'univers concurrentiel. Nous sommes surtout en retard dans le secteur de l'électronique; aujourd'hui encore, nous ne savons pas faire des magnétoscopes, des chaînes hi-fi, des microprocesseurs. Il ne faut pas hésiter à s'allier avec des firmes étrangères pour installer ces productions en France. Ni à acheter brevets et licences. Les Japonais l'ont fait à grande échelle, acceptant un lourd déficit dans ces deux domaines. Mais ils ont utilisé, puis perfectionné, cet apport essentiellement américain. Nous l'avons fait pour les centrales nucléaires. Pourquoi ne pas faire plus?

Roger Priouret, *Le Nouvel Observateur*, 9 octobre 1982

Etude du texte

A Répondez aux questions suivantes:

1 Jusqu'à quel point l'expression «acheter français» est-elle populaire en France? Pourquoi?

2 Une telle campagne serait-elle valable pour la France?

3 Serait-il facile d'appliquer cette formule à l'alimentation? Pourquoi (pas)?

4 Serait-il facile d'appliquer cette formule à l'électroménager? Pourquoi (pas)?

5 La France aurait-elle les moyens de réduire ses importations? Expliquez.

6 La France est-elle un grand pays exportateur? Où en est sa balance commerciale?

7 Une campagne «acheter français» risquerait-elle de produire une réaction favorable à l'extérieur? Pourquoi (pas)?

8 Comment les liens entre la France et l'étranger seraient-ils affectés par cette campagne?

9 Quelle serait la conséquence principale de cette formule pour les prix des produits fabriqués en France?

10 Décrivez quel serait le scénario pour l'industrie automobile française à la suite d'une campagne «acheter français».

11 Pour quelles raisons propose-t-on de rejeter la formule «acheter français»?

12 Quelle formule préconise-t-on à sa place? A-t-on déjà essayé cette formule, en France ou ailleurs?

B Faites le plan du texte.

C Résumez-le en 240 mots.

11C: *Exercice de compréhension aural*

ENQUETE SUR LE NIVEAU DE VIE

Questions

1 How was the survey on the standard of living in France conducted? What was the general conclusion drawn from it?
2 When was the survey conducted and when was it published? What does it reveal about attitudes to the shorter working week?
3 What did the survey show about the alternative to a shorter working week? Is this trend a new one?
4 How do French people currently assess their standard of living? Give the relevant figures.
5 Do French people believe that their standard of living is likely to improve? Give the relevant figures and indicate where age influences attitudes.
6 Which sections of the population are having to spend more carefully than in the past?
7 In what way are people now more cautious in their spending?
8 How do most French people view the possibility of a shorter working week or day?
9 Which attitudes were particularly noted among women?
10 What other options were proposed where working hours are concerned?
11 What views were expressed about the provision of family allowances?
12 Which other need was noted? Compare with the past and give the relevant figures.

Lexique

un organisme body

rattacher to join, link

un échantillon sample

se dérouler to take place

le pouvoir d'achat purchasing power

un allongement extension, lengthening

une voix vote

dresser le bilan de to make a review, assessment of

s'assombrir to become gloomy

prévoir to forecast, anticipate

un poste item

un détenteur possessor, holder

un comportement behaviour

les biens durables (m, pl) durable goods

la durée hebdomadaire (length of the) working week

une contrainte constraint, limitation

boucler un budget to balance a budget

une prestation familiale family allowance, benefit

une modalité mode, means

les espèces (f, pl) cash

Texte

ENQUETE SUR LE NIVEAU DE VIE

Jamais les Français n'ont été aussi pessimistes sur l'évolution de leur propre niveau de vie depuis dix ans. Tel est le principal enseignement de l'enquête annuelle du Centre de recherche pour l'étude et l'observation des conditions de vie – organisme officiel rattaché au Plan – portant sur un échantillon représentatif de la population nationale.

Cette enquête, qui s'est déroulée en novembre et décembre et dont les résultats viennent d'être rendus publics, révèle par ailleurs un très faible attachement des Français aux trente-cinq heures. En revanche, l'amélioration du pouvoir d'achat leur apparaît préférable à l'allongement du temps libre. Cette option n'est pas nouvelle, mais elle recueille des voix plus nombreuses cette année: 62% contre 55% l'année dernière.

Le bilan que dressent les Français sur l'évolution de leur niveau de vie à la fin de l'année dernière s'est assombri. Près d'un Français sur deux (48%) estime en effet que cela «va moins bien». Le nombre de ceux qui pensent que leurs conditions de vie vont se détériorer augmente: 40% contre 29% il y a deux ans. En ce qui concerne leur niveau de vie, 50% des Français estimaient à la fin de l'année dernière qu'il resterait stable, 35% jugeaient qu'il allait baisser et 15% prévoyaient une hausse. Ces prévisions «optimistes» diminuent fortement avec l'âge.

Une majorité de Français déclare être obligée de s'imposer régulièrement des restrictions sur certains postes de leurs budgets. Mais là encore, ils sont moins nombreux depuis 1981, date à laquelle on a enregistré la proportion la plus forte: 66% contre 62% cette année. Cette contrainte est exprimée majoritairement par les femmes et, naturellement, les détenteurs de faibles revenus. Quant aux pratiques d'achats, les Français paraissent avoir désormais un comportement plus réfléchi: pour les trois quarts d'entre eux, l'achat d'un bien durable (télévision, appareils ménagers, etc.) se fait «après une réflexion approfondie».

Lorsqu'on les interroge sur la réduction de la durée hebdomadaire, les Français optent principalement pour «des journées libres pour prolonger des week-ends ou faire des ponts»: un tiers des salariés de l'enquête. L'option d'une demi-journée libre par semaine, qui était apparue prioritaire il y a deux ans (35%), semble moins choisie cette année (29%). La solution «une heure de moins de travail par jour pour mieux vivre votre journée» est citée par 17% de la population, mais elle est nettement préférée par les femmes de vingt-cinq à trente-neuf ans. Ce sont également les femmes de cette catégorie d'âge qui mentionnent le plus souvent «une demi-journée libre par semaine» (36%).

Quant aux différentes possibilités d'aménagement du temps de travail, un tiers des Français souhaite «une plus grande souplesse de l'organisation du travail sur la semaine ou le mois». Viennent ensuite «l'assouplissement des horaires tenant compte des contraintes familiales » (21%), «une plus grande possibilité de travail à temps partiel» (18%) ou «une plus grande souplesse de l'organisation du travail sur l'année» (14%). Enfin, une petite minorité opte pour «une possibilité de congés de longue durée sans rémunération» (5,7%).

Parallèlement, la proportion de ceux pour qui «il serait impossible de boucler leur budget sans les prestations familiales» passe de 15% en 1981 à 20% aujourd'hui. Quant aux modalités qui permettraient d'accroître l'efficacité de l'aide aux familles, la solution la plus souhaitée reste l'augmentation de l'aide en espèces bien que cette option ne soit plus majoritaire: 55,5% en 1978 contre 45,2% des Français cette année. En revanche, ils sont plus nombreux à souhaiter un accroissement des équipements collectifs: 21,2% en 1978 à 26,6% aujourd'hui.

Adrien Popovici, *Les Echos*, 18 mai 1984

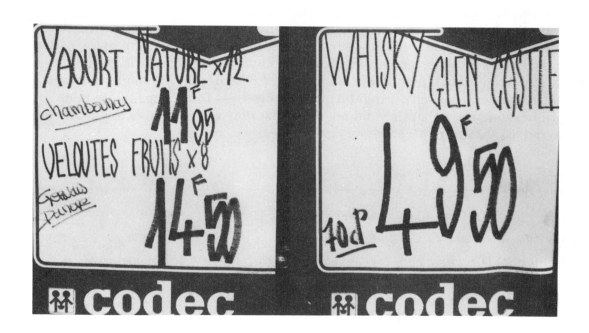

Exploitation du texte

1 Faites une comparaison entre l'augmentation du pouvoir d'achat et l'allongement du temps libre considérant les besoins familiaux.
2 Pesez le pour et le contre des horaires libres.
3 A quoi servent les sondages publics?

11D: Thème

THE STANDARD OF LIVING IN FRANCE

According to a survey carried out in France at the beginning of last December, most French people are rather more optimistic when they tackle general economic questions than when they look at their own situation. While 43.4% of the population (as against 41.7% last June) are of the opinion that prices have gone up considerably over the last six months, only one in ten thinks that prices will rise more sharply in the near future than at present. The same feelings are to be found concerning the unemployment rate in France. There are fewer French people now than last June (81.6% as against 85.3%) who foresee an increase in the number of unemployed.

On the other hand, the investigators conducting the survey found that the opinions French people expressed concerning their own economic and financial situation were far more pessimistic: 38% of those surveyed felt that their standard of living had fallen over the last six months, a record figure in recent years. Little hope is put in the future as 35.2% of the French population (as against 32.8% last June) thought that this trend would continue to worsen during the months ahead. As for savings, more than 70% of those questioned said that they did not think that they would be able to put any money aside during the coming year.

Lexique

effectuer une enquête	*un enquêteur*	*s'aggraver*
aborder une question	*un interrogé*	*l'épargne*
l'évolution des prix	*se dégrader*	*être en mesure de*
le taux de chômage	*ne cesser de*	*mettre de l'argent de côté*

12 LES MOYENS DE PAIEMENT

12A: *Texte d'introduction*

L'ECU : UNE MONNAIE POUR L'ENTREPRISE

L'Ecu (European Currency Unit), simplement unité de compte à sa création en 1975, est devenu l'élément central du Système Monétaire Européen (SME). Cette monnaie européenne s'est développée rapidement, tout d'abord à cause de sa stabilité – les monnaies fortes compensent les monnaies faibles – et aussi parce qu'il existe des mécanismes pour que les monnaies du SME ne s'écartent pas de plus ou moins 2,25% de leurs cours pivot. A noter que la lire italienne, vu sa grande instabilité, a la permission de fluctuer jusqu'à 6% et que la livre sterling et la drachme ne participent pas au système.

Mais l'Ecu est aussi une monnaie de financement et de règlement. Et si elle n'existe pas sous la forme d'espèces sonnantes et trébuchantes, elle est quand même soumise à la loi de l'offre et de la demande. On peut financer des émissions d'obligations internationales en Ecus. Les transactions commerciales peuvent s'effectuer comme celles de n'importe quelle autre devise. Une entreprise peut donc acheter, vendre, effectuer un règlement et ouvrir un compte en Ecus. Pour cette dernière, l'Ecu peut être une bonne affaire : face aux variations erratiques du dollar, la monnaie européenne passe pour un modèle de stabilité et permet donc de limiter le risque de change.

Encore faut-il être en position de l'imposer comme monnaie de facturation; généralement c'est l'exportateur qui décide plutôt que l'importateur. Mais comme l'Ecu offre des taux attrayants aussi bien pour les emprunteurs de pays à monnaie faible et à taux d'intérêt faible, acheteurs et vendeurs peuvent trouver avantage à traiter en Ecus. Selon un responsable du Crédit Lyonnais, «le seul point noir, c'est qu'il n'existe pas d'organisme central assurant la compensation des paiements en Ecus comme la Banque de France le fait pour le franc. Un système provisoire a donc été mis en place. Il réunit cinq banques de la CEE. Et toutes les banques traitant des Ecus ont donc nécessairement un compte dans une de ces cinq banques.»

Pour le grand public, l'Ecu reste encore une monnaie abstraite à une exception près : les déplacements à l'étranger. Depuis peu, il est en effet possible de partir avec des chèques de voyage libellés en Ecus.

Gilles Forestier, *Carrière Commerciale*, 6/19 février 1986

12B: Texte de compréhension

LA CREATION D'UN NOUVEAU MOYEN DE PAIEMENT

La France va devenir le premier pays du monde doté d'un moyen de paiement électronique unique, accepté par tous les établissements financiers, tous les distributeurs de billets, tous les terminaux-points-de-vente et tous les commerçants travaillant avec des cartes de crédit. Cette évolution spectaculaire découle de l'accord intervenu après de longues négociations entre le Crédit Agricole, le Crédit Mutuel et les banques du groupement Carte Bleue, accord qui sera signé lundi matin.

Il aura fallu quinze mois de discussions difficiles entre l'ensemble des établissements financiers pour parvenir au premier accord jamais conclu instaurant l'«interbancarité» totale pour tout un pays en matière de carte de crédit. Mais selon les termes de l'accord, qui sera signé et rendu public lundi prochain, les deux grands réseaux existant actuellement en France – la Carte Bleue, qui regroupe l'ensemble des banques inscrites, les caisses d'épargne, la Poste, les Banques Populaires et la Carte Verte du Crédit Agricole – vont s'associer au sein d'une structure commune. Même si la nouvelle organisation retenue est largement décentralisée et laisse une certaine liberté d'action à chaque établissement.

Les principes retenus sont les suivants:

Identification de la carte: la carte commune à l'ensemble des établissements financiers portera le nom de «carte bancaire». Ce qui permet de conserver les initiales «CB» de la Carte Bleue, dans leur graphisme actuel. Une manière de ne pas perdre les

investissements importants consentis pour assurer la notoriété de la Carte Bleue. Ces initiales «CB» seront apposées sur des cartes de couleur variable selon leur réseau d'origine (bleu ou vert). En revanche, l'affichage chez les commerçants se fera au moyen de panonceaux ornés d'un savant dégradé allant naturellement du bleu au vert. Chaque banque pourra à son gré personnaliser ou non sa carte en y faisant figurer son propre nom. Dans la pratique, il semble probable que les petites banques membres du réseau Carte Bleue conserveront cette enseigne, tandis que les plus grosses seraient tentées de rétablir une «indépendance d'image».

Tarification: en ce qui concerne le client, la tarification sera complètement unifiée entre tous les établissements, à «niveau de carte» égal. Rappelons qu'il existe trois niveaux: carte de base, autorisant les retraits dans les distributeurs de billets (Carte Bronze), carte de paiement nationale, qui permet en plus de régler des achats chez les commerçants (Carte Bleue nationale), carte internationale (Carte Bleue Visa). S'agissant des commissions payées par les commerçants, une fourchette de tarification sera établie par type de commerce (hypermarchés, stations-service, etc.), de façon à préserver un espace de concurrence entre les banques auprès des détaillants.

Architecture du réseau: La construction du réseau de paiement répond à deux principes, neutralité et décentralisation. La neutralité signifie que chaque commerçant pourra choisir son banquier et en changer à volonté. Il ne devra donc pas y avoir de connexion directe entre le magasin et sa banque. Quant à la décentralisation, elle permettra d'éviter de faire remonter à un centre national unique toutes les transactions souvent purement locales, comme c'est actuellement le cas dans le réseau Carte Bleue. En outre, chaque établissement pourra désormais traiter lui-même ses propres facturations. Cette décentralisation s'appuiera sur la mise en place dans tout le territoire de plusieurs dizaines de PAB (point d'accès bancaire), ordinateurs/autocommutateurs de transmission de données.

Cet accord d'une ampleur sans précédent comportera de nombreux avantages pour la clientèle particulière, puisqu'il sera, à terme, possible d'utiliser sa carte dans n'importe quel distributeur, terminal de commerçant, etc. La mise en conformité de tous les appareils ne se fera cependant pas instantanément. L'interbancarité totale pourrait nécessiter jusqu'à deux ans de délai, dans la mesure où sont concernés quelque 45 000 terminaux-points-de-vente et 8 000 à 9 000 distributeurs de billets. Du point de vue des banques, cet accord devrait permettre de réaliser d'appréciables économies d'échelle dans un domaine où les investissements sont extrêmement lourds: rationalisation des réseaux, fin de la concurrence entre les cartes, et donc réduction du coût d'intermédiation. Cet accord, enfin, marquera une étape importante dans le développement de la «monétique», où la France a pris une longueur d'avance.

En se donnant un système unique, la France va en effet renforcer son poids international dans ce domaine, où les spécialistes tablent sur l'ouverture de vastes marchés à l'exportation. Les pouvoirs publics ont d'ailleurs fortement poussé dans le sens de l'accord. Fort de sa carte unique, le système bancaire français va désormais pouvoir aborder sérieusement l'étape suivante: celle de la diffusion de la carte à puce.

Patrick de Jacquelot, *Les Echos*, 27 juillet 1984

Etude du texte

A Répondez aux questions suivantes:

1 Pourquoi le nouveau moyen de paiement créé en France sera-t-il unique?

2 Combien de temps a-t-il fallu pour mettre sur pied cet accord? Pourquoi a-t-il fallu une période de préparation aussi longue?

3 De quelle façon la nouvelle carte sera-t-elle identifiée? Pourquoi?

4 Les banques seront-elles libres de personnaliser leurs nouvelles cartes?

5 Quels sont les trois niveaux prévus pour la nouvelle carte bancaire?

6 La commission payée par chaque commerçant restera-t-elle unique? Pourquoi (pas)?

7 Définissez les deux principes qui ont été à la base du réseau de paiement.

8 Par quels moyens chaque établissement pourra-t-il traiter lui-même ses propres facturations?

9 Quel sera l'avantage principal offert au client par cet accord?

10 Combien de temps faudra-t-il pour réaliser l'interbancarité totale? Pourquoi?

11 Quels seront les avantages de cet accord pour les banques?

12 Comment ce nouveau moyen de paiement profitera-t-il à la France? Et quelle sera l'étape suivante?

B Faites le plan du texte.

C Résumez-le en 250 mots.

12C: *Exercice de compréhension aural*

LA BATAILLE DES CHEQUES DE VOYAGE

Questions
1 What developments are taking place on the travellers cheque market?
2 How much is the travellers cheque market currently worth? Why is it so profitable?
3 What is Franchèque and why was it created?
4 What similar project failed? Why?
5 How did American Express reply to these developments? Which banks and which currencies were involved?
6 What is Visa? How did it enter this market?
7 What has Mastercard done recently? What are its plans for the future?
8 Do travellers cheques still retain their interest for tourists? Explain.
9 What is the main advantage offered by travellers cheques? How does it operate?
10 Describe the financial services now available at weekends and bank holidays.
11 What is the second major advantage offered by travellers cheques? Which companies lead in this respect?
12 How is the choice of currency for travellers cheques determined? For which countries are French francs and dollars recommended?

Lexique

un bastion stronghold

un enjeu (what is at) stake

de taille large, important

émettre to issue

disposer de to have (at one's disposal)

une trésorerie finances, funds

un taux rate

une monnaie currency

détenir to hold, have

les devises (f, pl) currency

un appui support

conjuguer to combine

racheter to buy up

une caisse d'épargne savings bank

en piste in the running

accroître (pp *accru*) to increase

se faire rembourser to get one's money back

dépanner to help out

un bordereau note, slip

un atout strong point, advantage

Texte

LA BATAILLE DES CHEQUES DE VOYAGE

Le marché des chèques de voyage excite bien des appétits. Un consortium de banques de trente-neuf pays d'Europe étudie actuellement le lancement de l'euro travellers cheque. De leur côté, deux autres groupements financiers, Visa et Mastercard, s'attaquent au bastion de l'American Express, numéro 1 mondial de la spécialité.

L'enjeu, il est vrai, est de taille: plus de 30 milliards de dollars, une croissance annuelle de près de 25%. Et les émetteurs disposent d'une trésorerie gratuite. Le touriste paie en effet ses travellers au comptant, alors que l'établissement émetteur n'honore les chèques que lorsque ceux-ci sont retournés. Entre ces deux moments, il se passe en moyenne soixante à soixante-dix jours. Les sommes ainsi recueillies représentent une richesse incomparable quand les taux du marché monétaire atteignent 20%.

Voilà quatre ou cinq ans, les chèques de voyage en monnaie américaine étaient encore dominants. Les trois leaders, American Express, Citicorp et Bank of America, détenaient les trois quarts du marché. Mais ie développement du tourisme international en Europe a favorisé les émissions de chèques en d'autres devises. C'est ainsi que la Société Générale crée, avec l'appui de Thomas Cook, Franchèque: un groupement d'intérêt économique émetteur d'un chèque en francs français. D'autres banques européennes (membres du système Eurochèque) décident de conjuguer leurs efforts pour préparer le lancement d'un chèque de voyage européen en plusieurs devises. Dans un premier temps, ces établissements envisagent, pour faciliter l'opération, de racheter à la Midland Bank l'organisation Thomas Cook, qui, avec un réseau de 1 200 bureaux, contrôle 8% du marché mondial. Mais le prix à payer (14 millions de livres, soit environ 157 millions de francs) vient d'être jugé trop élevé par les banques et les caisses d'épargne allemandes. Il faudra donc trouver une autre solution.

Entre-temps, American Express a contre-attaqué. Le numéro 1 du marché (plus de la moitié des émissions) a cherché à développer les chèques en devises non américaines. Il crée ainsi avec quatre banques françaises (le Credit Agricole, la Banque Nationale de Paris, le Crédit Lyonnais et le Crédit Commercial de France) la Société Française du Chèque de Voyage, destinée à émettre des chèques en francs français. Le succès est complet, et les Américains, prenant modèle sur cet accord, viennent de créer une société comparable avec la Lloyds Bank, chargée d'émettre des chèques en livres sterling.

Dans cette bataille est intervenu un autre compétiteur de poids: l'organisation Visa. L'année dernière, ce réseau, qui est au premier rang mondial des cartes de crédit (90 millions de cartes, dont 2,2 millions pour la Carte Bleue), a lancé un chèque de voyage en dollars américains. Ont été créés plus récemment des chèques Visa en pesetas, en livres sterling et en yens. D'autres devises devraient suivre. Dernier concurrent en piste: l'organisation Mastercard, qui a lancé fin mai un chèque en dollars et souhaite en émettre dans d'autres monnaies.

Cette concurrence accrue montre que le chèque de voyage garde aujourd'hui tout son intérêt pour le touriste, malgré le développement des autres moyens de paiement internationaux, les cartes de paiement en particulier. Premier avantage de ce moyen de paiement: la possibilité de se faire rembourser en cas de vol ou de perte. Les différents réseaux de chèques de voyage ont implanté à travers le monde des centres équipés pour dépanner les victimes. L'American Express en annonce 60 000, Visa 40 000, Thomas Cook 25 000. Pour le week-end et les jours fériés, des accords ont été signés avec des chaînes hôtelières et avec des réseaux de location d'automobiles où l'on peut obtenir de l'argent liquide sur présentation du bordereau de vente des chèques.

Deuxième atout du chèque de voyage: son utilisation presque universelle. La plupart des pays reconnaissent maintenant ce moyen de paiement. L'«acceptabilité» la plus large est certainement celle dont bénéficie l'American Express. Les organisations concurrentes ont cependant fait d'importants efforts de promotion et d'implantation commerciale: les chèques Visa sont acceptés dans 150 pays.

Le choix de la devise détermine largement le degré d'acceptation du chèque, tant par les banques que par les commerçants. Le chèque en francs français n'est conseillé que pour les pays d'Europe, du Bassin méditerranéen et d'Afrique francophone, ainsi que pour les pays socialistes. Pour les destinations plus lointaines, les Etats-Unis ou l'Amérique du Sud, il est préférable d'emporter des chèques en dollars. Le chèque de voyage est né aux Etats-Unis voilà plus de cent ans. Il y reste le roi.

Jean-Marc Biais, *Le Nouvel Economiste*, 29 juin 1981

Exploitation du texte

1 Comparez les mérites respectifs des chèques de voyage, de l'argent liquide et des cartes de crédit pour les voyages à l'étranger.
2 Imaginez que vous avez perdu vos chèques de voyage. Que faut-il faire?
3 Discutez les avantages et les inconvénients d'une seule monnaie européenne.

12D: *Thème*

CHEQUE BOOK OR CREDIT CARD?

Despite a remarkable increase in credit card payments, French people are still too fond of cheques. The average number of cheques drawn per month and per person in France rose to 9.6 last year as against 8.9 the previous year. Furthermore, 12.5% of this total is made up of cheques made out to the account holder in order to withdraw cash at the counter. The only encouraging aspect of current trends is that 'small cheques', that's to say, for amounts under 100 francs, have considerably fallen in number and now only make up 25% of the total number of cheques drawn monthly, as against 29% during the previous year.

French banks are consequently trying to stem the flow of paper money which threatens to swamp them. The publicity drive which they launched in support of electronic money has already borne fruit. Withdrawals from cash dispensers have increased spectacularly: 10 million transactions of this kind were recorded per month last year, which is a 30% rise compared to the monthly average for the previous year. Taken as a whole, two withdrawals from cash dispensers were recorded for every seven at the counter. Credit card payments have also risen satisfactorily over the same period and now make up 3.7% of all transactions per card holder and per month.

Lexique

émettre un chèque	*inférieur à*	*la monnaie électronique*
établir un chèque	*endiguer un flot*	*porter des fruits*
à l'ordre de	*lancer une campagne de publicité*	*un distributeur automatique*
le retrait d'espèces		

13 LES RAPPORTS SOCIAUX

13A: Texte d'introduction

RENAULT: ECHEC DE L'ACCORD-CADRE

La direction de la Régie Renault n'avait pas lésiné sur les moyens pour traiter en douceur les sureffectifs et obtenir l'aval des syndicats. Beaucoup de salariés d'autres entreprises moins en vue sur la scène politique et sociale pouvaient, à juste titre, souhaiter être aussi bien traités. Pourtant les deux organisations syndicales majoritaires dans l'entreprise – la CGT et la CFDT ont recueilli ensemble 70% des suffrages aux élections de mars dernier pour le conseil d'administration – n'ont pas estimé suffisantes les garanties offertes pour éviter les licenciements. Le refus, attendu de la part de la CGT, plus imprévu venant de la CFDT, a conduit la direction à ne pas signer l'accord-cadre sur l'emploi accepté cependant par la CGC et la CSL.

«La direction a donc décidé de mettre un genou en terre devant les pressions de la CGT», constate FO en faisant observer que vendredi encore les négociations se poursuivaient en vue d'obtenir d'ultimes aménagements. Malgré ce camouflet, la Régie entend rester fidèle à l'esprit de l'accord et a annoncé qu'elle appliquera une série de dispositions pour faciliter la mobilité, la formation et le reclassement des salariés. Les représentants élus du personnel, et non plus les délégués syndicaux, seront simplement tenus informés.

Des difficultés risquent toutefois de surgir à terme lorsqu'après le 30 juin sera dressé le bilan définitif des départs volontaires et des premiers reclassements proposés. A cette date, le personnel restant en excédent aura le choix entre plusieurs emplois ou un congé de conversion de six mois. Des refus massifs des salariés d'accepter la mobilité géographique et professionnelle pourraient alors faire apparaître le spectre des licenciements redoutés par les syndicats.

Comme il y a fort à parier que la CGT n'aura pas obtenu d'ici là le plan de développement industriel conforme à ses vœux et que la CFDT n'aura pas davantage décroché une réduction de la durée du travail qui, à ses yeux, fait défaut dans le projet d'accord, il y a fort à craindre que des remous sociaux compromettent alors la politique de redressement financier engagée par la Régie Renault. Les syndicats sont, en tout cas, placés devant leurs responsabilités. Ils ont pour l'heure le soutien des salariés puisque, selon la CGT, plus de 93% d'entre eux ont rejeté le projet lors de la consultation organisée par ses soins.

Michèle Lecluse, *Les Echos*, 24 décembre 1984

13B: *Texte de compréhension*

LA RECONVERSION D'UNE USINE CONDAMNEE

Dans la zone industrielle de Montluçon, au milieu des bâtiments vétustes de la SEP (Société d'emballage plastique), une filiale de Rhône-Poulenc qui employait ici jusqu'à 600 personnes à la belle époque, Claude Michaud, 33 ans, délégué CGT, montre son nouvel atelier et n'a toujours pas l'air d'en revenir: des machines flambant neuves à peine déballées de leurs caisses, un sol vitrifié où l'on ne se déplace que chaussé de patins, une vaste salle aux murs blancs et à l'atmosphère de laboratoire. D'ici quelques semaines, pour Claude Michaud comme pour une cinquantaine d'anciens ouvriers de Rhône-Poulenc, ce sera le jour J. Hier encore, ils se voyaient promis à de longs mois de chômage. Demain, dans une usine de l'an 2000, ils vont fabriquer des vidéocassettes.

Un miracle? Pour Montluçon sans aucun doute: depuis treize ans, aucune entreprise ne s'y était implantée. Mais encore plus pour les salariés de Rhône-Poulenc. Car, lorsqu'en mars 1983 la direction leur annonce la décision de fermeture de cette vieille usine, c'est la déprime générale: avec un taux de chômage proche de 20%, Dunlop qui a licencié depuis, autant dire que les chances de reclassement étaient plutôt minces. Alors, même s'ils étaient peu à y croire vraiment au départ, ils ont préféré accepter l'opération de reconversion que leur proposait Rhône-Poulenc.

Un plan sur mesure dont Michel Vaquin, 37 ans, le jeune directeur adjoint du groupe, résume la philosophie: «Quand nous fermons une usine, notre objectif est de ne laisser personne sur le carreau, seul avec son problème d'emploi. Nous proposons à chacun une solution clé en main. C'est notre responsabilité sociale. C'est aussi notre intérêt économique que de telles opérations se passent en douceur.»

En somme, une notion – plutôt nouvelle – d'intérêts mutuels et de solidarité bien comprise entre employeurs et salariés. Chez Rhône-Poulenc, cela s'est concrétisé dès 1977 par la création d'une filiale spécialisée, la Sopran (Société pour la promotion d'activités nouvelles). Mission initiale: aider à la création d'entreprises, et donc d'emplois, autour des sites où le groupe diminue ou arrête ses activités. A peu de chose près, c'est la mise en œuvre par le patronat du vieux slogan syndical: pas de licenciement sans reclassement.

A Montluçon, l'affaire s'est réglée sans douleur, en un peu plus d'un an. Et Mike Lanyon, 52 ans, le patron britannique et francophile de la société Intercassettes (filiale du groupe financier indo-américain Agra), qui va prendre le relais de Rhône-Poulenc, s'en félicite. «Je me souviens de la première réunion d'information avec le personnel: l'ambiance était glaciale! Ils ne croyaient visiblement pas à nos projets, et nous redoutions un peu de devoir récupérer des mauvaises têtes ou des canards boiteux. Mais aujourd'hui, c'est du passé. Notre accord avec Rhône-Poulenc nous a apporté une aide irremplaçable pour l'assistance financière, les démarches administratives et la confiance du personnel.»

Sur l'effectif d'il y a un an, environ la moitié a été résorbée par un plan social: préretraites, démissions négociées et mutations au sein de Rhône-Poulenc. Le reste s'est réglé par des embauches négociées hors du groupe, et par les 50 emplois qui, dans un premier temps, sont réservés dans la nouvelle société Intercassettes. Coût total de l'opération pour Rhône-Poulenc: pas loin de 500 000 francs par emploi ainsi créé. «C'est cher, mais une usine déficitaire qu'on ne ferme pas coûte beaucoup plus d'argent encore...», reconnaît-on à la direction du groupe.

Quant aux ouvriers reclassés de l'usine, ils sont réalistes. Suffisamment en tout cas pour avoir accepté au départ une diminution de salaire de 20 à 30%, compensée en partie par les indemnités de licenciement et des primes de reconversion. «C'est sûr qu'on aurait préféré garder notre casquette Rhône-Poulenc et nos salaires d'avant, confesse Claude Michaud. Mais faut pas rêver, cette boîte était condamnée. On repart de zéro et c'est pas facile. Mais comme ouvrier et comme délégué CGT, je le dis sans complexe, je préfère ça au chômage.»

Dominique Audibert, *Le Point*, 19 mars 1984

Etude du texte

A Répondez aux questions suivantes:

1 Pourquoi Claude Michaud a-t-il l'air content?

2 Expliquez l'expression «le jour J». Pourquoi sera-t-il bientôt le jour J pour un groupe d'ouvriers à Montluçon?

3 Jusqu'à quel point la ville de Montluçon a-t-elle été touchée par le chômage?

4 Pourquoi les ouvriers de Rhône-Poulenc ont-ils fini par accepter la reconversion proposée par le groupe?

5 Que fait-on chez Rhône-Poulenc lorsque le groupe ferme une usine? Pour quelles raisons?

6 Qu'est-ce que la Sopran? Pourquoi a-t-elle eté créée?

7 Qui a repris l'usine de Rhône-Poulenc? A-t-il trouvé facile de convaincre les ouvriers d'accepter ses projets?

8 La reconversion de cette usine s'est-elle opérée sans difficulté? Comment le groupe Rhône-Poulenc a-t-il collaboré à ce projet?

9 A-t-on trouvé du travail pour tous les anciens ouvriers dans la nouvelle usine?

10 Combien cette opération a-t-elle coûté à Rhône-Poulenc? Est-ce cher?

11 Les ouvriers ont-ils pu garder les mêmes salaires qu'avant la reconversion? Pourquoi (pas)?

12 Quelle est la conclusion tirée par Claude Michaud sur cette reconversion?

B Faites le plan du texte.

C Résumez-le en 220 mots.

13C: *Exercice de compréhension aural*

LA GREVE DES DOUANIERS: LA COUPE ETAIT PLEINE

Questions
1 What strike action was taken in the Alpes-Maritimes region?
2 Who is Monsieur Rateau? What did he call for?
3 How did the strike action affect airports in Paris and the frontier crossing at Hendaye?
4 Has the situation at Hendaye eased at all? Explain.
5 Who is Monsieur Gérard? Has he made any progress in dealing with the strike?
6 Describe the strike from the customs officers' point of view.
7 Describe the strike from the hauliers' point of view.
8 How did Monsieur Gérard justify his actions? What emergency measures did he introduce?
9 Is everyone happy with these measures? Why (not)?
10 How many customs officers reported for duty on Tuesday? What is their current attitude towards the strike?
11 Are the trade unions in agreement on this issue? What are their main grievances?
12 Were the customs officers evicted from their posts? How do they sum up the situation?

Lexique

une perturbation disruption

réclamer to call for, demand

la grève du zèle work to rule

un autoport carport

muni de equipped with, in possession of

une attestation certificate

un sous-préfet sub-prefect

gangrener to paralyse, hold up

un entrepreneur de transports haulage contractor

une cargaison cargo

un acquittement payment, settlement

un transitaire forwarding agent

un fonctionnaire (state) employee

en tenue in uniform

en veston in plain clothes

une formation group, union

une cadence (work) rate

une atteinte attack

un fief preserve, stronghold

déborder to overflow

Texte

LA GREVE DES DOUANIERS : LA COUPE ETAIT PLEINE

La grève générale de quarante-huit heures des douaniers français continuait, ce mercredi matin 17 février, provoquant encore quelques perturbations du trafic, notamment dans les Alpes-Maritimes. Le rétablissement du franchissement des frontières «dans des conditions de sécurité et de régularité administratives» a été réclamé d'urgence, mardi, par le président de la Fédération nationale du transport routier, M. Rateau. Dans les aéroports, les douaniers, qui ne se sont pas associés à la grève de quarante-huit heures, continuaient la grève du zèle. Des retards au décollage étaient enregistrés à Orly et à Roissy. En revanche, les routiers, bloqués depuis lundi matin au poste frontière d'Hendaye et à l'autoport, ont accepté, mardi soir, de reprendre la route munis d'une attestation de passage sans contrôle, «pour fait de grève», délivrée par les autorités françaises.

Même si on avait acquis la certitude, mardi 16 février dans la soirée, que la fin de la grève des douaniers ne serait pas encore pour le lendemain, on commençait pourtant à respirer un peu mieux ici, du côté de l'autoport d'Hendaye, depuis que les moteurs s'étaient remis à tourner vers la fin de la matinée et qu'environ les deux tiers des quelque sept cents camions, figés depuis quarante-huit heures tout au long des routes menant à la frontière espagnole, avaient lentement repris le chemin de la liberté.

Harassé, certes, mais visiblement soulagé d'avoir pu éviter le pire, ne serait-ce que momentanément, M. Gérard, sous-préfet de Bayonne, pouvait se féliciter d'avoir résolu – pour ce qui concerne l'immédiat – un problème que sa complexité rendait particulièrement délicat. D'un côté, des fonctionnaires mécontents de leur sort qui, en s'attachant à appliquer aussi strictement que faire ce peut les règlements, avaient, dans un premier temps, peu à peu gangrené le trafic avant de passer brusquement de cette grève dite «du zèle» à la grève tout court, changeant cette fois la gangrène en paralysie totale. De l'autre côté, des chauffeurs routiers et des entrepreneurs de transports s'estimant, à juste titre, les uns et les autres, pénalisés à tort, et d'autant plus que bien des cargaisons interdites de frontière sont irrémédiablement périssables.

«Il n'y avait pas trente-six solutions, dit le sous-préfet. Il fallait mettre en place au plus vite un système donné permettant, tout en sauvegardant l'ordre public et en respectant les droits des grévistes, de faire reprendre au trafic son cours normal.» La procédure exceptionnelle provisoirement adoptée consiste à remplacer la totalité des longues formalités administratives habituelles par la délivrance aux conducteurs d'une simple attestation de passage, sous réserve de régularisation ultérieure et, bien entendu, de l'acquittement des droits de douane. C'est une solution qui ne satisfait pourtant pas les transitaires, qui redoutent «de mauvaises surprises» lorsque viendra l'heure de payer.

Ce mardi, onze fonctionnaires seulement sur les cent soixante que compte au total la division des douanes d'Hendaye sont venus au travail, et encore ne s'agit-il que de personnel de bureau. Quant aux autres, les cent quinze qui opèrent en tenue et ceux qui officient en veston, ils semblent plus déterminés que jamais à durcir leur mouvement. Leur mécontentement repose principalement sur des conditions de travail jugées «inadmissibles». Unanimes, les délégués des quatre formations, CGT, CFDT, FO et CFTC, dénoncent d'une même et seule voix les cadences intolérables, les atteintes au droit du travail, et la maigreur des salaires qui leur sont alloués.

Affront entre les affronts, ils n'oublieront pas de sitôt le fait «d'avoir été, pour la première fois dans l'histoire des douanes, délogés par des policiers» de ces postes frontières qui sont leur fief. En fait, il serait plus juste de dire que les douaniers se sont retirés, comme cela le leur avait été demandé, sans qu'aucun incident, même mineur, se soit jamais produit, et que les policiers n'ont pris leur place que pour faire circuler les poids lourds sans jamais prétendre se substituer à eux, comme ils les en accusent pourtant. Comme nous l'indique un gréviste: «La coupe était pleine. Comment éviter qu'elle se mette à déborder?» A présent, c'est l'impasse. . .

J.-M. Durand-Souffland, Le Monde, 18 février 1982

Exploitation du texte

1 Quels seraient les effets d'une grève des douaniers dans les ports de la Manche?
2 Devrait-on interdire le droit de grève aux douaniers?
3 Quelles sont les revendications les plus courantes chez les grévistes?

13D: *Thème*

AN OCCUPIED FACTORY IS CLEARED

On Sunday 14th May, at 4.30 am, the police cleared the premises of the Ferrandon factory in Annecy which had been occupied by striking workers since 8th May. The strikers' claims concerned the length of the working week and the raising of low salaries. According to the CFDT trade union, which supported the strike, it was the breaking off of the talks by the management which had led to the dispute and the occupation of the factory. An emergency ruling on Tuesday ordered that the factory be cleared by Friday 12th May. The Prefect for Upper Savoy then proposed that the talks should be resumed and that, at the same time, the factory gates should be opened.

When this proposal was turned down by the strikers occupying the factory, the Prefect granted a further extension of forty-eight hours at the end of which, he warned, he would be forced to intervene in the dispute. The police, who arrived in seven vans, entered the factory grounds by cutting through the wire fencing in a secluded part of the perimeter. The eviction of the thirty strikers who were on the premises took place without incident so that the managing director and senior executives were able to regain possession of their offices early in the morning. A management spokesman announced yesterday that the talks could resume next Wednesday.

Lexique

l'évacuation, faire évacuer

les forces de l'ordre

la durée du travail

la revalorisation des salaires

la rupture, la reprise des négociations

être à l'origine de

un jugement en référé

le préfet de Haute-Savoie

refuser une proposition

accorder un délai

à l'issue de

découper le grillage de clôture

14 LA FORMATION

14A: Texte d'introduction

UNE ECOLE NATIONALE DE L'EXPORTATION

La création d'une école nationale de l'exportation s'inscrit dans la politique visant à renforcer la présence économique et commerciale de la France dans le monde. L'effort d'exportation doit concerner progressivement l'ensemble des entreprises industrielles, agricoles et tertiaires. Il repose d'abord sur les ressources humaines, donc sur la formation.

L'École nationale d'exportation, qui aura avant tout un caractère pratique, assurera

des formations complémentaires longues pour des cadres et dirigeants en activité dans les entreprises. Ce type de formation, peu développé aujourd'hui, doit notamment permettre la nécessaire mise à jour des connaissances, après quelques années d'expérience professionnelle, des personnels confrontés au monde en pleine évolution du commerce international.

L'école organisera quatre cycles de formation: un cycle préparatoire destiné aux cadres moyens ou techniciens supérieurs, centré sur la formation à la vente à l'exportation, aux langues étrangères et aux techniques de base du commerce international; un cycle de perfectionnement destiné aux cadres exerçant déjà des responsabilités d'exportation; un cycle supérieur de très haut niveau; un cycle de reconversion pour des cadres à la recherche d'un emploi.

L'enseignement accordera une place importante à la formation sur le terrain, notamment à l'étranger. Ces stages sur le terrain seront inhérents à l'enseignement. Le recrutement tiendra compte principalement des qualifications et du niveau de responsabilité professionnelle des candidats. L'Ecole nationale d'exportation prendra en compte l'expérience et l'acquis de l'Institut du commerce international, dont elle élargira considérablement le champ d'action.

Une fondation nationale pour l'enseignement de l'exportation, à laquelle seront associés tous les partenaires administratifs, universitaires, professionnels et consulaires concernés par l'essor de notre formation au commerce extérieur, sera créée. Elle sera chargée prioritairement d'analyser les besoins de formation, de développer les connaissances et la compréhension sur les pays et les stratégies industrielles et de proposer aux institutions nationales et régionales de formation les outils pédagogiques correspondants, élaborés en liaison avec la fondation nationale pour l'enseignement de la gestion des entreprises.

Le gouvernement a confié au président d'une entreprise exportatrice, M. Patrick Neiertz, la mission de préparer la mise en place des deux nouveaux organismes, dont il assurera la présidence. L'ouverture des premiers cycles de formation est prévue pour l'automne.

Carrière Commerciale, 21 février 1985

14B: *Texte de compréhension*

LA VOGUE DES STAGES

Modeste travail de classement ou recherche de haut niveau, jeunes sans formation ou cracks aux dents longues: ils sont des milliers de stagiaires à défiler chaque année dans les entreprises françaises. Pour les jeunes, c'est une occasion de se perfectionner et de découvrir concrètement le monde du travail. Pour les pouvoirs publics, un moyen de contenir les chiffres du chômage. Les entreprises ne sont pas les dernières à encourager le développement de cette «stagite». Les jeunes continuent de se ruer sur les traditionnels «petits boulots» qu'elles leur offrent chaque été: ils sont 2 500 cette année à la Société Générale, près de 600 à Indosuez. Les enfants du personnel passent bien entendu en priorité.

Mais ce sont surtout les stages effectués dans le cadre d'une scolarité qui ont le vent en poupe. Stage ouvrier, stage à l'étranger, puis stage préprofessionnel: chaque étudiant de HEC devra passer un tiers de sa scolarité en entreprise. A Sciences-po, plus de 80% des élèves de la section économique et financière effectuent de tels stages. Et les universités sont de plus en plus nombreuses à suivre cet exemple.

Les entreprises sont demandeuses. Air France accueillera cette année près de 500 jeunes en stages d'études. Ils seront 300 à la CFP (hors filiales), 270 chez Michelin et 2 000 à EdF. Les entreprises n'hésitent pas à fournir à ces stagiaires des travaux qualifiés qui déchargent d'autant le personnel permanent. Michelin, qui se refuse à organiser des «stages de tourisme», confie aux futurs commerciaux et ingénieurs études de marché ou de financement, conception de programmes informatiques, essais en ingénierie.

A terme, ces stages constituent un moyen privilégié d'embauche. «Nous semons et les responsables du recrutement récoltent», commente M. Xavier Ponsar, chargé des stages chez Michelin. La liaison stage-embauche est d'ailleurs de plus en plus étroite: à la Société Générale, les deux fonctions sont depuis le début de l'année intégrées au sein du même service. Tout cela pour un coût relativement modique: la rémunération d'un stagiaire, parfois nulle, tourne généralement autour du SMIC.

Les bénéficiaires de stages d'études sont liés à l'entreprise par une «convention de stage» qui les maintient dans leur statut d'étudiant. Mais d'autres procédures ont également cours, qui rendent de plus en plus floue la frontière entre stages et modes classiques d'embauche. Le contrat à durée déterminée est ainsi de plus en plus souvent utilisé comme cadre juridique de stages préprofessionnels. Selon l'INSEE, sur 100 titulaires d'un tel contrat, 30 se retrouvent un an plus tard embauchés dans la même entreprise à titre définitif.

Si les grandes sociétés se réservent l'élite, elles ne sont pas pour autant les seules à s'intéresser aux stagiaires. Ce sont également les petites entreprises qui ont reçu la plupart des 50 000 jeunes bénéficiaires des nouvelles procédures de formation en alternance: stages d'initiation, d'adaptation, de qualification. L'harmonisation laisse cependant à désirer. Les formules se succèdent et s'accumulent en désordre. La «formation en alternance» mise en place depuis avril n'a pas encore mis fin à l'ancien système des contrats emploi-formation. Un programme de stages destinés à 20 000 jeunes au chômage depuis plus de douze mois est aussi en préparation.

Point commun entre ces procédures: elles permettent de dégonfler spectaculairement les statistiques du chômage. Toutes formules confondues, y compris l'apprentissage, la formation en entreprise débouche sur près de 60% d'embauches définitives. Soit plus de 200 000 jeunes embauchés chaque année. Mais, en dépit de ces succès, le système n'est pas une panacée. Les 930 000 chômeurs français qui ont moins de 25 ans sont toujours là pour le rappeler.

Jean-François Polo, *Le Nouvel Economiste*, 2 août 1985

Etude du texte

A Répondez aux questions suivantes :

1 Quelle est l'importance des stages et des stagiaires dans les entreprises françaises d'aujourd'hui ?

2 L'entreprise profite-t-elle de ces stages autant que les jeunes ?

3 Quels sont les stages les plus en vogue ?

4 Quels sont les établissements scolaires les plus touchés par ces stages ?

5 Les entreprises sont-elles toujours prêtes à accepter des stagiaires ? Pourquoi (pas) ?

6 Quelles sont les tâches que les entreprises donnent aux stagiaires ?

7 Pourquoi la liaison stage-embauche devient-elle de plus en plus étroite ?

8 Ces stages sont-ils rémunérés ?

9 Quel est le statut du stagiaire lors de son stage en entreprise ?

10 Qu'est-ce qui commence à remplacer la convention de stage ? Quel en est le bénéfice du stagiaire ?

11 Quelles sont les nouvelles formules mises en place pour l'organisation des stages ?

12 Le système des stages joue-t-il un rôle important dans la diminution du chômage en France ?

B Faites le plan du texte.

C Résumez-le en 200 mots.

14C: *Exercice de compréhension aural*

LES ENTREPRISES SE METTENT AUX LANGUES ÉTRANGÈRES

Questions

1 What language needs can suddenly arise in industry? Will a short-term solution be adequate?
2 Who is Xavier Bolon? What problem did he face in connection with a contract in Honduras?
3 What solution did Xavier Bolon devise? Was it successful?
4 Who is Françoise Mothié? What is her view of language training?
5 What training requirement did she have to meet? What was her assessment of the situation?
6 How does Xavier Bolon define the problem of motivation in language learning?
7 What solution to this problem did he adopt?
8 Who is Monsieur Queyssalier? How did he cope with his language training problems?
9 To what extent are visiting language teachers considered successful in company language training? Are there viable alternatives?
10 How popular are language laboratory methods in company language training programmes?
11 What purpose can the telephone serve in language training? How does Xavier Bolon assess this method?
12 Which method of language training is considered most effective? And with what reservations?

Lexique

baragouiner to speak (a language) badly

coincé stuck, cornered

le forage drilling, boring

une centrale power station

une soumission tender

un envol take off

piteux pitiful, pathetic

se heurter à to come up against

brader to sell cheaply

claironner to assert strongly

avoir la charge de to be responsible for

une imprimante printer

débarquer to land, arrive

se défiler to slip away, sneak off

bihebdomadaire twice-weekly

une panacée panacea, universal remedy

être en recul to be on the decline

éclipser to overshadow, overcome

un bassin de radoub dry dock

une tranche section, block

Texte

LES ENTREPRISES SE METTENT AUX LANGUES ETRANGERES

«Il faut qu'il parte en quatrième vitesse . . . et il baragouine à peine l'anglais!» Quelle entreprise ne s'est jamais trouvée ainsi coincée? Quand il s'agit d'un technicien en forage pétrolier ou d'un spécialiste des centrales nucléaires, trois semaines en Angleterre suffiront pour leur donner le vocabulaire de base dont ils ont besoin. Si les objectifs sont plus ambitieux, l'investissement, en temps et en argent, sera beaucoup plus long.

«Nous avions fait une soumission au Honduras pour les canalisations souterraines d'une centrale hydraulique», explique Xavier Bolon, responsable de la formation de Campenon Bernard Cetra. «Or, nous n'avons que très peu d'hispanophones. Nous avons donc formé un ingénieur, en 400 heures réparties sur six mois. Deux séjours de trois semaines en Espagne concluaient ce cycle, juste avant son envol pour l'Amérique centrale.» Et le contrat hondurien a été enlevé de haute lutte. Mais, pour ce succès, combien d'échecs piteux?

Dans un cas comme dans l'autre, les responsables de formation se heurtent à deux obstacles permanents:

1 *Le temps disponible*. Libérer un cadre à mi-temps, voire à plein temps, c'est un véritable cauchemar. «Je refuse de brader la formation», claironne Françoise Mothié, qui a la charge de ces questions chez CII-Honeywell-Bull. «Deux de nos techniciens devaient participer aux Etats-Unis à un séminaire sur un nouveau type d'imprimante. A quoi aurait servi leur mission si nous n'avions pu dégager les 150 heures indispensables au cours des trois mois qui précédaient leur départ?»

2 *La motivation*. Evidente lorsqu'il y a un voyage d'étude, une négociation intéressante ou une promotion attendue en bout de parcours, elle tombe très rapidement en l'absence d'objectif précis. «Il y a deux ans, chez nous, au moins 300 personnes suivaient des cours de langues, témoigne Xavier Bolon. Mais l'absentéisme a vite dépassé 50%. Nous avons donc recentré la formation sur une soixantaine de personnes, en augmentant l'investissement pour chacune d'elles.»

Même observation au Commissariat à l'Energie Atomique: «Nous avions des cours depuis des années, mais dès qu'une mission d'Américains débarquait, tout le monde se défilait», raconte le chef du bureau formation, M. Queyssalier. «Afin d'éliminer progressivement ces «amateurs des langues» qui auraient volontiers suivi des cours jusqu'à leur retraite, nous avons porté l'accent sur des cycles semi-intensifs plus particulièrement destinés à ceux qui ont un besoin professionnel caractérisé.»

Les possibilités qui s'offrent pour apprendre les langues sont inégales, du moins si l'on veut progresser rapidement. Les cours extensifs bihebdomadaires ne peuvent être considérés que comme une solution d'entretien. Et encore: les professeurs extérieurs sont souvent insuffisants, et l'écoute fréquente de la BBC, la lecture de magazines américains, voire un bon Bogart en VO peuvent se révéler tout aussi efficaces.

La pratique du laboratoire, jugée dans les années 60 comme la panacée, est en net recul, surtout quand elle se fait en «self-service». Outre qu'il faut une grande motivation pour s'y rendre régulièrement, les formateurs soulignent que la machine ne fait qu'enregistrer les fautes sans les corriger.

Les formules de langues par téléphone éclipsent les problèmes de motivation: le professeur lui-même vous appelant à votre bureau, impossible de s'échapper. Utile quand il y a des problèmes spécifiques de compréhension au téléphone, cette formule apparaît le plus souvent comme un gadget pour cadres surchargés. «Et puis, ce n'est pas une situation réelle de négociation», estime Xavier Bolon. «On ne vend pas une centrale nucléaire ou un bassin de radoub par téléphone.»

Les sessions intensives paraissent donc l'outil le plus efficace si un besoin rapide se fait sentir. Avec cependant deux précautions: la saturation apparaissant au bout de dix-douze jours, il est préférable de couper ces sessions en plusieurs tranches d'une semaine ou quinze jours au maximum. D'autre part, la dernière session doit être le plus proche de l'objectif final (voyage, négociation), afin d'utiliser le plus vite possible les connaissances acquises.

Vincent Beaufils, *L'Expansion*, 19 décembre 1980/8 janvier 1981

Exploitation du texte

1 Quelles sont les formules les plus efficaces pour apprendre une langue étrangère?
2 Préparez une campagne de publicité pour une nouvelle école de langues étrangères.
3 Discutez: «Dans cinquante ans toutes les négociations internationales se feront en anglais (ou en américain).»

14D: Thème

TAKING AN ADVANCED TRAINING COURSE

How can you plan your future career when modern developments and current trends force you to concentrate on everyday problems and adopt short term policies? How can you prepare yourself for the new responsibilities and demanding challenges which may present themselves in a year or two's time? The answer is: by deciding to take a deliberate break in mid-career which will allow you to assess the skills you have already acquired and study new ways of thinking. Before taking on any higher responsibilities, you will need an advanced training course on recent changes in the business world which will shape company strategy in the years to come.

Such a course need not be a long one. At the Varenne Institute, an International School of Management in the business quarter of Paris, we offer a four-week programme for executives who wish to take stock of their present position before moving ahead again. More than 1600 executives from over 20 countries have already taken part in this programme. Working together, often in small groups, they widen their horizons thanks to the quality of the instruction and, just as importantly, to contact with their opposite numbers at home and abroad. In order to receive detailed information about all our programmes, kindly complete and return the attached reply slip.

Lexique

un stage de perfectionnement	acquérir des compétences	élargir ses perspectives
les tendances actuelles	à l'intention de	un coupon-réponse
une coupure de mi-carrière	désireux de	ci-joint
	faire le point sur	

15 LA PUBLICITE

15A: *Texte d'introduction*

LE MARKETING TELEPHONIQUE EXPLOSE EN FRANCE

Que les plus grandes entreprises vous poursuivent par téléphone dans votre salon, votre salle de bains, ou même votre chambre à coucher, cela ne vous étonne même plus: 38% des mille premières sociétés françaises utilisent aujourd'hui le marketing téléphonique. Et, l'an prochain, elles seront 60%. Le phénomène est devenu si important qu'un salon lui a été consacré la semaine dernière à Paris. Il a permis de constater que les organismes de sondage, les agences de publicité, les partis politiques font désormais de la prospection téléphonique leurs choux gras.

La mode vient des Etats-Unis. Chaque jour, là-bas, sept millions d'Américains reçoivent un coup de fil d'ordre commercial, et cinq cent mille passent une commande grâce au téléphone. Bien sûr, en France, on n'en est pas encore là. Mais, dans quelques semaines, Peugeot téléphonera à cent trente mille de ses clients pour les inviter à venir essayer en avant-première la nouvelle 205 GTI: une invitation lancée par la voix de Jean-Louis Trintignant.

Si les opérations de ce type prolifèrent, c'est qu'elles se révèlent dans bien des cas plus efficaces que le «mailing» classique. Les plus branchés en la matière sont les constructeurs automobiles, les banques, les journaux et les importateurs de matériel électronique. Le marketing téléphonique ne se limite pas à entrer en contact avec le grand public. Il est surtout utilisé pour venir épauler, sinon remplacer, la tournée des représentants. Pour une raison simple: un contact téléphonique coûte entre 20 et 40 francs, contre 200 à 1 500 francs pour une visite à domicile. L'économie est telle que des firmes comme Kodak, IBM, Rank Xerox et même Air France emploient de véritables bataillons de «vendeurs par téléphone».

Le marketing téléphonique fonctionne dans les deux sens. «Aux Etats-Unis, affirme Antoine Lajouanie, directeur de Téléaction, pas une publicité ne passe à la télévision ou dans la presse sans qu'elle ne soit complétée par un numéro de téléphone où le consommateur peut alors obtenir un complément d'information.» On commence à y venir en France. La Redoute et Les Trois Suisses enregistrent aujourd'hui le tiers de leurs commandes par téléphone. Et en ce moment même, les affiches du film «Le bon plaisir» utilisent cette technique: sous le portrait des vedettes, on trouve de mystérieux numéros de téléphone. Comme aux Etats-Unis, le téléphone devient donc un média à part entière. Les PTT ne s'en plaindront pas.

Frédéric Lewino, *Le Point*, 16 janvier 1984

15B: *Texte de compréhension*

LE CHARME FRANÇAIS SE VEND BIEN

Qui l'eût dit, qui l'eût cru? La publicité, si décriée en France, est en train de devenir notre ambassadrice commerciale . . . et culturelle. Elle porte, au-delà des frontières, le nom de nos marques, mais aussi un style.

    Si tout le monde convient que l'humour caractérise la publicité anglaise, le lyrisme l'italienne, la rigueur l'allemande, le pragmatisme l'américaine, les publicitaires attribuent à la française des qualités de fraîcheur, de légèreté, d'esthétisme et

d'originalité. Témoin les nombreux trophées que les agences ramassent à Cannes, à Venise, mais aussi à New York ou à Hollywood. Comme le fait remarquer Maurice Lévy, de Publicis: «Il y a peu de stars ou de longs métrages français qui en rapportent autant. Et pourtant, les festivals de films publicitaires sont dominés par les Anglo-Saxons.»

Il y a dix ans encore, aucune agence française ne disposait d'un véritable réseau international capable de promouvoir, au même titre que McCann-Erickson pour Coca-Cola, nos produits à l'étranger. Aujourd'hui, c'est chose faite. Pour Claude Marcus (Publicis), il y a des caractéristiques globales de la publicité française: «Elle fonctionne essentiellement sur la symbolique et le qualitatif. Parce que nous vivons dans un pays où elle a été contestée depuis qu'elle existe, nous avons dû nous adapter à un environnement particulier. Toute publicité qui assomme et qui ennuie a des effets négatifs. Nous avons donc été contraints de faire de la publicité qui charme.»

La contrainte peut aussi être stimulante. Uli Wiesendanger, de l'agence TBWA, reconnaît que c'est grâce à Simone Veil que la campagne internationale de Philip Morris a été améliorée: «Puisque nous ne pouvions plus vanter les mérites du tabac, nous avons dû laisser tomber tous les symboles et nous en tenir au produit. Et c'est ainsi que nous avons obtenu un jeu dans l'espace avec le paquet. Partout ailleurs où nous pouvions introduire des personnages, l'impact était plus faible. C'est donc en voulant freiner le développement de la cigarette que la France a contribué à créer les campagnes les plus fortes.»

Il existe aussi une manière de «coller au produit», comme disent les publicitaires, qui crée un style indissociable de son nom. Dim en est le plus bel exemple: son expression publicitaire est sans frontières. Le dernier film sur ses collants passe ainsi aujourd'hui dans quatre pays, dont les Etats-Unis. «C'est un des rares cas d'exportation de films publicitaires français aux Etats-Unis, insiste Claude Marcus. Le caractère de la publicité Dim est suffisamment français pour que les gens le sentent, sans qu'on ait besoin de leur montrer la tour Eiffel ou une baguette de pain, les deux symboles de la France aux Etats-Unis!»

Mais, et le cas Renault le prouverait s'il le fallait, il n'y a de publicité française que s'il y a des produits mondialement connus. Et quotidiens, avec lesquels toutes les nations sont familiarisées. «Notre plus grand problème face à l'étranger, constate Maurice Lévy, n'est pas tant que nous manquions d'ingéniosité ou d'intelligence, car le TGV est extraordinaire et nos centrales nucléaires aussi, mais le fait que ces produits n'ont pas de marque. Nous appelons «Frigidaire» (marque américaine) nos réfrigérateurs. Et dans tous les coins du monde on est accueilli par un panneau de bienvenue signé Coca-Cola.»

Renault, pourtant, est en train de faire école. Un véritable melting-pot de concepteurs européens travaille sur ses nouvelles campagnes que sous-tend une véritable «culture Renault», résultat de vingt années d'effort. Aujourd'hui, ce qui compte, c'est de créer une identité de marque, capable de donner une dimension de conquête aux produits, et donc de rivaliser sur les marchés internationaux. Et si le produit est français, pourquoi pas une publicité à la française?

Barthélémy, *L'Express*, 25 novembre 1983

Etude du texte

A Répondez aux questions suivantes :

1 Comment la publicité française commence-t-elle à démentir sa réputation établie jusqu'à présent?

2 Par quelles qualités la publicité française se distingue-t-elle des autres publicités nationales?

3 La publicité française a-t-elle déjà réussi à s'imposer à l'étranger?

4 Quelles sont les principales caractéristiques de la publicité française?

5 Pourquoi les publicitaires français ont-ils dû développer une publicité qui charme?

6 Comment la contrainte peut-elle stimuler la publicité?

7 De quelle façon les publicitaires ont-ils remplacé les symboles et les personnages?

8 Expliquez la signification de l'expression «coller au produit» telle qu'on l'utilise dans la publicité.

9 Qu'est-ce qui caractérise la campagne publicitaire montée par Dim?

10 Que prouve le cas Renault dans le domaine de la publicité?

11 Expliquez l'importance de la marque dans la publicité internationale.

12 Pourquoi la publicité de Renault trouve-t-elle aujourd'hui de nombreux imitateurs sur les marchés internationaux?

B Faites le plan du texte.

C Résumez-le en 200 mots.

15C: *Exercice de compréhension aural*

UNE NOUVELLE FORMULE DE PUBLICITE DANS LES PARKINGS PARISIENS

Questions

1 What are the advantages of installing hoardings in car parks?
2 How and why is the distribution of leaflets an added advantage?
3 Is this form of advertising cheap or haphazard? Explain.
4 How is the distribution of the leaflets organized?
5 Why are these leaflets considered so useful? Give examples of their uses.
6 How did Géo-Magazine and the Paris Trade Fair make use of these leaflets? With what results?
7 With which other forms of advertising are the leaflets compared? Do they compare favourably?
8 Should the hoardings and leaflets always be used together? Explain fully.
9 How did American Express make use of these advertising facilities?
10 How were the reply coupons identified? What purpose did this identification serve?
11 What did the results of this strategy reveal? Was the strategy a sound one?
12 Were the results of this advertising campaign surprising? Why (not)?

Lexique

un panneau d'affichage hoarding

la pénombre half-light

un dépliant leaflet

une interdiction ban, banning

une mutation change, transformation

un régisseur steward, manager

cibler to target

un couplage coupling, linking

le péage toll

un présentoir display shelf

régler to settle, pay

expliciter to explain, clarify

un support (publicitaire) (advertising) medium

un envoi dispatch, sending

les retombées (f, pl) response, fallout

onéreux costly

un annonceur advertiser

en l'occurrence in this case

un volet section

une fourchette bracket

Texte

UNE NOUVELLE FORMULE DE PUBLICITE DANS LES PARKINGS PARISIENS

Les panneaux d'affichage fleurissent un peu partout et, en particulier, dans certains points stratégiques du point de vue de la circulation. Alors, pourquoi pas dans les parkings? L'impact du panneau lumineux dans la pénombre est évident et, surtout, les catégories socio-professionnelles utilisatrices sont parfaitement identifiées. Et si l'affichage est prolongé par la distribution de dépliants, la formule semble présenter un intérêt indéniable, compte tenu en particulier de l'interdiction de distribution aux automobilistes de prospectus sur la voie publique. Cette mutation est le fait de Lederman Guionnet et Associés, régisseurs de cinquante-cinq parkings parisiens (Paris intramuros plus La Défense).

L'affichage n'a rien d'original en soi si ce n'est que sa localisation dans les parkings permet de «cibler» avec une grande précision et que les conditions de perception par l'utilisateur du parking sont très privilégiées comparativement à l'affichage en surface. D'autre part, le prix rend ce média accessible aux plus petits budgets ou aux actions les plus spécifiques. En revanche, le couplage affichage/distribution de prospectus est particulièrement intéressant. Ce couplage est possible en raison de l'installation sur tous les points de péage d'un présentoir métallique (format 10×21 cm.).

En réglant sa note de parking, l'automobiliste peut ainsi aisément saisir le prospectus mis à sa disposition, et ceci sans sortir de son véhicule. Une telle opération complète parfaitement l'affiche, média porteur par définition d'un message très court qui a souvent besoin d'être complété et explicité par un autre support. Ce mécanisme permet donc de prolonger utilement la campagne d'affichage en apportant des informations complémentaires concernant par exemple le mode d'emploi, le prix du produit et les adresses des points de vente.

Plusieurs annonceurs ont su saisir une telle opportunité. Géo-Magazine avait proposé, par un coupon-réponse sur le prospectus, l'envoi d'un exemplaire gratuit. Résultat: 5,6% de retombées chez l'éditeur. Autre test: les entrées tarif réduit proposées pour la Foire de Paris: 8,75% de retombées. Ces résultats sont obtenus, il faut le noter, par un moyen beaucoup moins onéreux qu'un mailing ou qu'une distribution dans les boîtes aux lettres. Mais le cas le plus intéressant à prendre en considération est celui de la carte American Express.

La société Lederman Guionnet et Associés ne lie pas obligatoirement l'affichage avec ce que l'on pourrait appeler le «self-service prospectus». Un annonceur peut profiter de ce moyen sans pour autant louer le réseau pendant une période de quatorze jours. L'inverse est également vrai. L'association des deux supports est certainement préférable mais, pour diverses raisons, la société American Express utilise seulement le simple distributeur de prospectus. Il s'agit en l'occurrence d'un dépliant en cinq volets comprenant une demande d'adhésion à la carte de crédit American Express.

Pour identifier l'origine de la demande d'adhésion, il a été attribué une clé sur chaque coupon-réponse. A chaque parking correspond une clé particulière. La détermination de la source de la demande d'information est importante car, fait original et courageux de la part d'un support, la société Lederman Guionnet et Associés a accepté d'être entièrement rémunérée aux résultats. Le taux d'adhésion par rapport au nombre total de documents distribués se situe dans une fourchette de 1,5 à 1,8%, ce qui, compte tenu de la relative étroitesse de ce segment, constitue un score satisfaisant.

Ce résultat n'est pas une véritable surprise quand on connaît les utilisateurs des parkings parisiens. Plusieurs enquêtes réalisées montrent que deux automobilistes sur trois utilisateurs de parkings sont des hommes. Les catégories socio-professionnelles les plus représentatives sont les cadres supérieurs et moyens (40%), les employés (plus de 30%) et les patrons de l'industrie et du commerce (près de 10%), des clientèles qui intéressent de nombreux annonceurs.

Frédéric Delmotte, *Carrière Commerciale*, 22 juin 1984

Exploitation du texte

1 Faites un commentaire sur les avantages et les inconvénients des panneaux d'affichage.
2 De quels moyens les publicitaires disposent-ils pour atteindre une cible?
3 Mettez sur pied une campagne de publicité choc pour une nouvelle marque d'apéritif.

15D: *Thème*

CHANGES IN THE WORLD OF ADVERTISING

If we are to believe the agencies when they forecast a 12% growth in advertising budgets as against 18% for the previous season, this year is unlikely to be a good one for advertising in France. Within this blanket forecast, however, several significant trends can be detected. Thus it is not only in sectors where maintaining their brand image is vital, as in the food industry for example, that firms continue to invest heavily in advertising, but also in those sectors which are going through a difficult period, like the car or clothing industries. On the other hand, household appliances, publishing and even the distribution trade currently find themselves obliged to cut down their spending on advertising.

The coming year is, in fact, likely to see a considerable change in marketing strategy as advertisers try to choose their media more carefully. According to the agencies, radio commercials will bear the brunt of this change whilst advertising in the press and on hoardings will reap the benefit. Television certainly remains the medium which most advertisers prefer as it enters almost every home, but the television channels are forced to turn down 40% of requests for commercials because broadcasting time is so limited. Advertisers are consequently turning to regional newspapers, magazines and posters as researches show that illustrated campaigns make a greater and more lasting impact on target consumers than radio campaigns.

Lexique

il est peu probable que	*la stratégie commerciale*	*un support publicitaire*
les prévisions globales	*un spot publicitaire*	*les minutes d'antenne*
maintenir une image de marque	*faire les frais de l'affichage*	*les consommateurs cibles*

16 LES MEDIAS

16A: Texte d'introduction

LA VIE FRAGILE DES QUOTIDIENS

Lire un quotidien devient-il une habitude périmée? Dans toute la France, on ne vend plus que 9 millions d'exemplaires par jour, alors que l'équipement en téléviseurs dépasse 17 millions. Certes, le marché de la presse nationale haut de gamme, qui nous intéresse ici, s'est accru en cinq ans de 180 000 exemplaires. Résultat médiocre, cependant, quand on songe qu'il a fallu, pour cela, créer trois nouveaux titres.

Dans l'âpre concurrence qu'ils se livrent, les cinq quotidiens français haut de gamme s'obligent mutuellement à publier, par numéro, un volume de mots (400 000 à 500 000 signes) qui dépasse, chaque jour, celui d'un hebdomadaire comme *L'Express*. Une abondance qui les saigne à blanc. Aussi se sont-ils placés eux-mêmes dans un cercle vicieux des prix. A cette mollesse du marché, combinée avec une forte augmentation des coûts, ils ont répondu par l'hyperinflation. Depuis quinze ans, pendant que l'indice des prix triplait, le prix des quotidiens quintuplait. Les quotidiens français sont les plus chers du monde.

Mais avaient-ils le choix dès lors qu'ils ne parvenaient pas à imposer à leur personnel les mêmes gains de productivité que l'industrie, et que leur principale source de recettes, la publicité, battait de l'aile? Inexorablement, la part de la presse dans les investissements publicitaires diminue. De cette part, celle des quotidiens régresse le plus vite, et parmi eux les plus touchés sont les journaux parisiens. Depuis trois ans, le lignage publicitaire total du *Figaro*, du *Monde* et du *Matin* est en baisse marginale, bien que *Le Matin* ait lui-même gagné 38%. Les deux grands sont donc en baisse nette. Heureusement pour eux, les petites annonces se sont mieux comportées. Mais pas de beaucoup.

Les cinq quotidiens favoris des revues de presse, ceux que lisent les décideurs, sont des entreprises fragiles. Les plus riches dépensent trop, les mieux gérés ont des recettes très insuffisantes. Leur nombre excessif les asphyxie mutuellement. Vont-ils pour autant disparaître? Compte tenu de leurs divergences d'affinités, il est exclu qu'ils se regroupent. Le plus vulnérable est *Libération*, qui n'a ni réserves, ni actionnaires, ni publicité. *Le Quotidien de Paris* ne pourrait survivre si une disposition législative nouvelle sur la publicité pharmaceutique affectait les ressources du *Quotidien du médecin*, sa mère nourricière. Les trois autres sont plus solides. Pour le moment, leur rage de survivre offre au moins aux lecteurs exigeants une qualité et une diversité de choix sans équivalent ailleurs.

Jean-Louis Servan-Schreiber, *L'Expansion*, 4/17 juin 1982

16B: *Texte de compréhension*

LES PROBLEMES DE L'EDITION

Si les Français lisent toujours autant, ils achètent de moins en moins de livres. Une observation constante depuis plusieurs années pour les maisons d'édition. L'an dernier, les ventes ont baissé de 4% en volume et n'ont progressé que très faiblement en francs courants pour l'ensemble de la profession (plus 7,8%). Cette tendance devrait se poursuivre cette année encore. M. Claude Nielsen, président des Presses de la Cité, en prend acte lorsqu'il prévoit une progression de 11 à 12% des ventes de son groupe pour l'exercice en cours contre 18% l'an dernier.

Sur la base du pourcentage de progression des ventes du groupe pour le premier trimestre (plus 13,5%), ses prévisions ont été tenues. La baisse du pouvoir d'achat des consommateurs, déjà sensible l'an dernier, sera davantage ressentie par le secteur dans les mois qui viennent. M. Nielsen lance entre deux bouffées de fumée: «En période de crise, les gens rognent plus sur le budget livre que sur le budget essence.»

Cette désaffection des rayons a pour corollaire un raccourcissement de la durée de vie des ouvrages en librairie et un accroissement de la masse des retours (20% l'an dernier pour le groupe): les libraires désireux de préserver une trésorerie saine retournent les stocks à l'éditeur dans des proportions plus importantes et des délais plus courts. L'an dernier, les responsables du groupe ont effectué des provisions de précaution à ce titre pour un montant de 21 millions de francs contre 6 millions l'année précédente. M. Nielsen se fait l'écho de la profession: «Aujourd'hui le best-seller n'est plus ce qu'il était. Il lui suffit d'être vendu à 75 000 exemplaires pour être considéré comme tel contre 500 000 il n'y a pas si longtemps.»

Aux problèmes de l'an dernier sont venus s'en greffer d'autres, plus conjoncturels mais non moins perturbateurs, comme la hausse du prix du papier ou l'allongement des délais de livraison de cette matière première. Le papier entre, en effet, pour un tiers du prix de revient d'un ouvrage nouveau à la sortie de la maison d'édition, et pour la moitié à l'occasion d'une réimpression. Si, comme c'est le cas, les prix des livres (bloqués, ou contenus à une hausse de 4,9% pour cette année) ne peuvent être ajustés au surcroît de charges, les marges seront amoindries.

Comme un malheur n'arrive jamais seul, les Presses de la Cité sont également confrontées à des problèmes d'approvisionnement. Les fournisseurs de papier, principalement canadiens, ont été perturbés par de longues grèves et livrent les gros clients (Etats-Unis, Japon) en priorité. La difficulté pour le numéro trois français de l'édition est d'évaluer ses besoins en papier et d'anticiper les tirages en fonction des ventes escomptées. Il s'agit donc de viser juste: ce qui rend la sélection des ouvrages par les éditeurs beaucoup plus stricte qu'auparavant. Il n'y a décidément place aujourd'hui que pour les valeurs sûres de l'écriture. Signe des temps? Selon M. Nielsen, les gens ne veulent pas prendre de risques en achetant tel ou tel auteur peu ou pas connu.

L'activité de la filiale France-Loisirs, détenue à parts égales avec le groupe allemand Bertelsmann (premier groupe européen de médias), n'a pas été épargnée par les aléas de la conjoncture. Les grèves perlées des postes dans certaines régions françaises gênent considérablement son bon fonctionnement: la société fournit près des deux tiers de ses adhérents en métropole (2,7 millions en moyenne trimestrielle) par colis postal. Sa rentabilité au sein du groupe (près de la moitié des 111 millions de francs de bénéfice net consolidé) devrait être néanmoins maintenue par une activité soutenue des filiales étrangères, notamment au Canada et en Suisse.

Plus pessimistes qu'à l'accoutumée sur l'évolution du marché, les dirigeants des Presses de la Cité sont intervenus auprès des pouvoirs publics dans l'espoir d'obtenir des garanties sur le respect par tous de la loi Lang (rabais limité à 5%). Ils n'ont pu que s'étonner du laxisme des représentants du ministère de la Culture: «Faites votre police vous-mêmes.» Si M. Nielsen est de ceux qui estiment que «la solution passe par la condamnation des Leclerc et autres FNAC», il se refuse à boycotter les discounters. Contrairement à d'autres éditeurs, prêts, dit-il, à passer à des solutions extrêmes comme le boycott. En l'espèce, le refus de vente.

Michel Kempinski, *Valeurs Actuelles*, 4 juin 1984

Etude du texte

A Répondez aux questions suivantes:

1 Les Français lisent-ils moins aujourd'hui que dans le passé? Et qu'en est-il de leurs dépenses sur les livres?

2 Selon M. Claude Nielsen, les ventes sur les livres augmenteront-elles cette année? Comparez les chiffres avec ceux de l'an dernier.

3 Les prévisions de M. Nielsen se sont-elles avérées exactes jusqu'à présent? Comment explique-t-il les tendances actuelles pour les ventes de son groupe?

4 De quelle façon les libraires réagissent-ils devant cette situation?

5 Le best-seller a-t-il tenu le choc face aux tendances actuelles?

6 Quelle est l'importance du papier dans les coûts des maisons d'édition?

7 Comment les prix des livres vont-ils se répercuter sur les marges des maisons d'édition?

8 Les Presses de la Cité ont-elles des problèmes d'approvisionnement concernant les matières premières?

9 Pour quelles raisons les éditeurs doivent-ils procéder à des choix rigoureux dans leurs publications?

10 Quel est le problème auquel est confrontée la filiale France-Loisirs?

11 Quelle est l'attitude des Presses de la Cité envers la loi Lang? Et celle du ministère de la Culture?

12 Comment M. Nielsen réagit-il à la question d'un boycott?

B Faites le plan du texte.

C Résumez-le en 240 mots.

16C: *Exercice de compréhension aural*

LES SONDAGES D'ECOUTE ENTRENT DANS UNE NOUVELLE ERE

Questions

1 How does the Audimat system for listening and viewing figures operate?
2 To what extent will this system speed up the production of these figures?
3 What are the limitations of the Audimat system?
4 Who is Nicole Casile? Why does she find the Audimat system expensive?
5 Who is Philippe Ragueneau? How does he justify the introduction of the new system?
6 What is the CEO? What is the main method it employs in order to fulfil its role?
7 How many people make up the panel involved in this system? For how long do they take part?
8 What do the members of this panel have to do?
9 What happens to the returns for the first week? Why?
10 What further system should be introduced in two years' time?
11 What conclusion did the Moinot Commission arrive at? What proposal was formulated as a result of this conclusion?
12 Why does Philippe Ragueneau intend to ignore this proposal?

Lexique

un sondage d'écoute (radio and TV) listening and viewing survey

l'audimétrie (f) measurement of radio and TV audiences

les chiffres d'écoute listening and viewing figures

une chaîne channel

aspirer to breathe in, draw up

une courbe curve, graph

une virgule decimal point

une panacée panacea, universal remedy

une émission broadcast, programme

trancher to decide, assert

un échantillonnage sample, range

l'INSEE l'Institut national de la statistique et des études économiques

un mode d'emploi instructions for use

un rodage running in

cocher une case to tick a box, square

cohabiter to coexist, live side by side

un auditoire audience

un clavier keyboard

appuyer sur une touche to press a key

viser to aim at

Texte

LES SONDAGES D'ECOUTE ENTRENT DANS UNE NOUVELLE ERE

Les sondages d'écoute de la radio-télévision entrent, à la fin du mois, dans une nouvelle ère, celle de l'électronique et de l'audimétrie. Installés dans 650 foyers français, les Audimat, instruments de mesure automatiques fabriqués par Thomson, vont recueillir chaque soir, sans intervention du téléspectateur, les chiffres d'écoute, grâce à une mince et discrète boîte noire glissée sous les téléviseurs. L'appareil mémorise la chaîne regardée, l'heure exacte, et, entre 2 heures et 4 heures du matin, l'ordinateur d'un organisme de sondages, la Secodip, «aspire», par téléphone, les informations.

Dix heures plus tard, les patrons des chaînes de télévision les recevront sur leurs bureaux, enrichies de courbes, de pourcentages et de virgules. Il fallait jusqu'alors compter environ dix jours pour obtenir les premiers chiffres des sondages sur questionnaires écrits, que recueille le Centre d'études d'opinion, le CEO. La France rejoint ainsi le club des pays développés en audimétrie: Etats-Unis, Grande-Bretagne, Suisse, Allemagne fédérale, Japon. Mais la révolution électronique de l'Audimat n'est pas une panacée: la boîte noire enregistre l'écoute d'un foyer, non celle d'un individu. Et ne mesure pas l'intérêt du téléspectateur pour un programme.

«L'Audimat sera très apprécié des producteurs d'émissions de télévision et des spécialistes des médias, ils sauront enfin très vite, mais grosso modo, ce qui a été regardé la veille, tranche Nicole Casile, responsable des sondages à TF1. Mais l'instrument est bien coûteux pour une simple courbe de température!» «Coûteux peut-être, rétorque Philippe Ragueneau, président du CEO, mais assurément moins que les questionnaires écrits que nous utilisons aujourd'hui, et qui sont réexpédiés par la poste. C'est le prix des timbres qui nous oblige à nous tourner vers l'audimétrie!»

Le CEO est un organisme public, chargé de recueillir les notes d'écoute et de qualité pour les sociétés nationales de radio-télévision. Il utilise surtout, et continuera à le faire malgré l'Audimat, la technique des «carnets d'écoute» auxquels un échantillonnage représentatif de Français répond avec son crayon et sa bonne volonté.

Grâce aux statistiques de l'INSEE, et à l'informatique, un panel de 1 400 Français, renouvelé toutes les six semaines, reçoit un épais dossier de 73 pages comprenant une feuille d'écoute par jour, des questions sur les émissions, leur contenu, et le mode d'emploi. La première semaine, la notation n'est pas prise en compte: il s'agit d'un rodage pour le téléspectateur, parfois si fier de son rôle de «sondé» qu'il subit ce que les spécialistes appellent l'«effet panel»: il regarde et écoute tout, même France Culture, pour cocher plus de cases à son questionnaire! Ensuite, deux fois par semaine, il renvoie, par la poste, le fruit d'un travail de quelques minutes.

Les deux systèmes, carnets d'écoute et audimétrie, vont cohabiter afin de connaître l'intérêt de l'auditoire pour une émission, cette «note de qualité» que le CEO recueille chaque semaine par écrit. Dans deux ans, si tout va bien, la France inaugurera une méthode plus sophistiquée, qui permettra de connaître automatiquement la note de qualité. Grâce à Télétel, les téléspectateurs choisis recevront, au côté de l'Audimat, un clavier de réponse. A 22 h 5, juste après le téléfilm, leur nom apparaîtra sur leur écran, suivi de la question: «Quelle note donnez-vous à cette émission?» Ils appuieront sur une touche, et, instantanément cette fois, les notes d'écoute et de qualité seront connues.

Cette course aux sondages a-t-elle entraîné la médiocrité de nos programmes? C'est ce qu'ont déclaré, avec une belle unanimité, les créateurs et les sages de la commission Moinot. D'où l'idée, paradoxale, née dans le cerveau de quelques-uns, de supprimer purement et simplement les sondages, comme si cela devait ipso facto améliorer les programmes! «Il n'en est pas question, je vous rassure tout de suite, affirme Philippe Ragueneau. Les sondages peuvent aider à améliorer les programmes et l'on peut savoir, par exemple, si une émission convient bien au type de public qu'elle vise. Avec des sondages précis, il ne sera pas plus facile de faire des programmes, mais on évitera les erreurs.»

Philippe Aubert, *L'Express*, 13 novembre 1981

Exploitation du texte

1 La multiplication des sondages de toutes sortes va-t-elle dans l'intérêt de l'individu?
2 Discutez: «Les sondages peuvent aider à améliorer les programmes.»
3 Allons-nous irrévocablement vers la «dictature des médias»?

16D: Thème

CURRENT TRENDS IN PAPERBACKS

There are more than 125 paperback collections in France today, with over 20 000 titles available and nearly 100 million volumes sold every year. French readers often wonder why the publishers do not issue their entire output in paperback format as prices are markedly lower than in standard editions. Unfortunately, publishers can only offer low prices on titles which sell well. A paperback only begins to show a profit after 12 000 to 15 000 copies have been sold, whereas the break-even point for a standard edition lies between 2000 and 3000 copies. As a result, most editors have to a large extent restricted their paperback collections to the reissue of works which have already done well in the shops.

It is nevertheless clear that paperback collections are currently undergoing considerable change. Publishers formerly only offered well-known titles in these collections, but they are now beginning to use them for works which are not so well-known or so easily read. They are also aiming at diversifying their output by creating science fiction and regional cookery series, for example, as well as guidebooks and beginners' language courses. A new concept of the paperback is emerging in France today, giving rise to a format which may not be so popular or so cheap as yesterday's, but one which will definitely be more inventive and ambitious.

Lexique

une collection de poche	*proposer à bas prix*	*d'accès facile*
publier, faire paraître	*le seuil de rentabilité*	*diversifier la production*
l'ensemble de	*faire ses preuves*	
une édition courante	*en librairie*	

17 L'INFORMATIQUE

17A: *Texte d'introduction*

L'INFORMATISATION DE LA SOCIETE

Un accès précoce à l'informatique a conduit, aux Etats-Unis, à une nouvelle génération d'informaticiens, que l'on appelle les «computer kids». Leur créativité et leur imagination se traduisent aujourd'hui par de nouvelles entreprises, et donc des emplois, des produits et des services nouveaux. Plusieurs centaines de firmes de logiciels ont ainsi vu le jour en cinq ans, proposant non seulement les jeux qui ont fait leur succès, mais aussi des programmes professionnels particulièrement performants.

Comment la France se prépare-t-elle à cette vague qui déjà déferle sur l'Europe? La croissance de la micro-informatique a été spectaculaire: à la fin de cette année, il y aura chez nous près de 100 000 micro-ordinateurs personnels dans les bureaux et les foyers. Ils suscitent déjà de nouveaux types de relations entre parents et enfants. Cependant, dans l'enseignement, les micro-ordinateurs sont souvent utilisés comme «machines à enseigner» perfectionnées pour l'aide à la programmation. Peu de temps est laissé à l'imagination des élèves afin qu'ils puissent se servir de l'ordinateur comme un «catalyseur de créativité». En tout état de cause, ces ordinateurs sont en nombre insuffisant. Les 10 000 micro-ordinateurs prévus pour les écoles françaises, et dont l'annonce avait tant frappé les observateurs étrangers, n'ont pas encore été installés, tant s'en faut. La nécessité d'acheter du matériel français et le manque de logiciels réduisent la variété des applications et donc leur intérêt dans l'environnement scolaire.

Par ailleurs, les langages utilisés pour ces micro-ordinateurs sont généralement – à côté du Basic en anglais – le Basic en français ou le LSE, langages dont l'usage est limité à l'Hexagone ou à quelques pays francophones. Risque-t-on de reproduire dans la micro-informatique les erreurs du SECAM? Que feront les jeunes Français avec des machines dont les langages ne seraient pas compatibles avec ceux des autres? Allons-nous nous isoler et risquer de manquer une révolution dans la communication aussi importante que l'ont été l'imprimerie, le téléphone ou la télévision? Certes, pour beaucoup, l'ordinateur n'accomplit rien de plus que ce qui se fait déjà «à la main». Peut-être le fait-il plus vite, mais il «n'ajoute rien». Une telle attitude n'est pas sans rappeler cette prédiction d'un clerc du XVe siècle: «L'imprimerie n'a pas d'avenir, car personne ne sait lire.»

Joël de Rosnay, *L'Expansion*, 24 décembre 1982/6 janvier 1983

17B: Texte de compréhension

DEBAT SUR LE DEVELOPPEMENT DU MICRO-ORDINATEUR EN FRANCE

Concurrents et contradictoires, les fabricants de micro-ordinateurs sont au moins d'accord sur un point : l'informatisation des cadres dans les entreprises est inéluctable. Ils citent volontiers à l'appui de leur démonstration la statistique selon laquelle 11% seulement des patrons des 500 premières entreprises américaines utilisent un micro-ordinateur. Pour la France, cette proportion tombe à 2%. Le reste des hiérarchies étant à cette image, les fabricants se frottent les mains : il y a un marché à prendre. Reste à savoir comment y parvenir et les réponses apportées lors d'un débat à la FNAC organisé par notre confrère «Temps-Micro» témoignent de l'incertitude dans ce domaine. Derrière leur assurance, les constructeurs se cherchent.

En fait, il y a deux écoles radicalement opposées que nous appellerons la «descente» et la «montée». Les tenants de la «descente» estiment que l'ordinateur passera insensiblement de l'entreprise à la maison et encouragent cette démarche. Ainsi, Bruno Ribe d'Apple a expliqué comment les cadres de La Redoute ont été invités à croquer la pomme. La société de vente par correspondance a choisi de prendre

partiellement en charge 127 Macintosh, les cadres concernés réglant le reste de la facture, soit seulement 37% de l'opération sous forme de rachat du micro à sa valeur résiduelle au bout de trois ans. Le cadre utilise le micro à des fins professionnelles et personnelles. Le Macintosh pénètre dans les foyers où, espère-t-on, il servira aussi à jouer ou à se former.

Tout en défendant sa propre chapelle, on s'en serait douté, M. Michel Aguerreberry, directeur de la division IBM-France Diffusion, est également un tenant de la «descente». A partir d'un système structuré et évolutif, reposant sur un solide circuit de distribution, souligne-t-il, la pénétration des couches laborieuses informatisables devrait s'effectuer de haut en bas. M. Aguerreberry estime, en outre, que les machines mises sur le marché doivent posséder de fortes possibilités de développement, être compatibles entre elles dans une même gamme et offrir de grandes perspectives en matière de logiciels et d'extensions de mémoires.

C'est bien ce qu'offre le T09, micro-ordinateur familial de Thomson lancé en cette semaine de SICOB, lui rétorque M. Kaplan de Thomson micro-informatique, en défendant la théorie inverse. Il estime qu'en fait l'ordinateur sera d'abord familial avant de se diffuser vers le haut dans les couches professionnelles. «L'informatique rentrera dans les mœurs par le biais des enfants», assure M. Kaplan en détaillant les 100 000 micros Thomson M05 et T07 déjà installés dans les écoles au titre du plan Fabius. Il estime que le micro-ordinateur est une machine à apprendre et un outil de communication où Thomson aimerait bien imposer sa norme, et pourquoi pas un «standard européen», ajoute-t-il, en dévoilant une partie de ses ambitions.

Devant cet enthousiasme riche en superlatifs de la part des trois constructeurs, plusieurs intervenants ont fait part de leurs déconvenues en abordant l'informatique personnelle, soulignant combien, sans formation de base, il était long et délicat de maîtriser un programme complexe et, pis encore, de chercher à l'améliorer. A ce propos, M. Gilbert Lugol, ancien conseiller du président du groupe Elf-Aquitaine, se montre particulièrement amer. Il estime avoir effectué un investissement en temps bien supérieur en coût au prix du matériel lui-même. Il dénonce également le problème des manuels plus ou moins bien traduits de l'anglais, remarque vivement relevée par M. Kaplan qui conseille aussitôt les manuels bien français de Thomson.

Dans l'assistance, dont la grande majorité possédait déjà un ordinateur comme l'a montré par la suite un rapide sondage, plusieurs voix se sont élevées pour confirmer ce type de difficultés, tout en cherchant à les minimiser, comme d'ailleurs à la tribune. Seul le représentant d'Apple a défendu la simplicité, évidente à ses yeux, du Macintosh. D'autres intervenants se sont élevés contre l'accueil parfois bien incompétent réservé dans les boutiques par des vendeurs qui ne peuvent, à l'évidence, connaître les centaines de logiciels inscrits à leur catalogue.

L'initiative devrait porter ses fruits, mais le problème de la «descente» ou de la «montée» des micro-ordinateurs reste entier, le phénomène ne semble pas encore bien cerné. Le SICOB pourrait peut-être apporter quelques réponses et le sujet est sans doute trop sérieux pour le laisser à des informaticiens. Un sociologue nous apportera bien une amorce de réponse.

Vincent Kram, *Le Figaro*, 20 septembre 1985

Etude du texte

A Répondez aux questions suivantes:

1 Quels sont les chiffres cités par les fabricants de micro-ordinateurs? Ces chiffres font-ils le bonheur des fabricants?

2 Le débat organisé par Temps-Micro a-t-il apporté des éclaircissements sur l'informatisation de la France?

3 Expliquez la théorie de la «descente» telle qu'on l'applique au développement du micro-ordinateur.

4 Comment La Redoute a-t-elle essayé de mettre cette théorie en pratique?

5 Monsieur Aguerreberry partage-t-il ce point de vue? Serait-ce étonnant?

6 Comment Monsieur Aguerreberry voit-il le micro-ordinateur du futur?

7 Expliquez la théorie de la «montée» appliquée au micro-ordinateur.

8 Comment Monsieur Kaplan voit-il évoluer cette théorie en France?

9 Jusqu'à quel point une formation de base serait-elle nécessaire pour apprendre à se servir d'un micro-ordinateur?

10 Quelle est l'expérience faite par Monsieur Gilbert Lugol? Et quelle est la réponse de Monsieur Kaplan à ce sujet?

11 Les participants au débat ont-ils donné raison à Monsieur Lugol?

12 Le débat organisé par Temps-Micro a-t-il pu trancher la question du développement du micro-ordinateur en France? Expliquez.

B Faites le plan du texte.

C Résumez-le en 240 mots.

17C: *Exercice de compréhension aural*

LA DISTRIBUTION A L'HEURE DE L'INFORMATIQUE

Questions

1 How has the work of the check-out assistants in supermarkets been made easier by computerisation?
2 In what way do these changes affect the customer?
3 How is each article given its own identity card?
4 What happens when the product passes through the supermarket check-out?
5 What assessment of this system is given by the Métro supermarket in Nanterre?
6 How can administration costs be cut by this method?
7 Compare the time and labour required by the old and the new methods of price labelling.
8 Which errors can the new system avoid?
9 How does the new system increase the productivity of the check-out assistants? Give the relevant figures.
10 How can the new system enable supermarkets to match their competitors?
11 When did the Métro supermarket computerise its administration? With what results?
12 In which further way has improved administration benefited this supermarket?

Lexique

une caissière check-out assistant

une machine enregistreuse cash register

un trait line, stroke

un libellé wording

s'afficher to be displayed

gratifier de to favour, present with

le marquage marking, branding

foncé dark

un code-barres bar code

un emballage packaging, wrapping

une étiquette label

déclencher to set off, activate

un fichier file

recenser to make an inventory of

une marge bénéficiaire profit margin

déballer to unpack

l'étiquetage (m) labelling

une démarque marking down (price of goods)

la fauche stealing, theft

s'affiner to become keener, sharper

Texte

LA DISTRIBUTION A L'HEURE L'INFORMATIQUE

La caissière ne tape plus frénétiquement sur le clavier de sa machine enregistreuse: elle se contente de promener un crayon lecteur sur une trentaine de traits plus ou moins épais surmontant une série de treize chiffres mystérieux. Comme par enchantement, le libellé et le prix de chaque article s'affichent automatiquement sur un écran lumineux orienté en direction de l'heureux client, lequel se voit gratifié d'une magnifique facture détaillée. Cette scène fait déjà partie du quotidien pour 500 supermarchés environ. A l'origine de cette petite révolution: le marquage symbolisé des produits de consommation courante.

Importée des Etats-Unis, cette technique se développe en France dans le cadre du GENCOD, organisme professionnel qui regroupe les fabricants et les distributeurs. Il s'agit de donner à chaque produit une fiche d'identité qui lui soit propre. Un symbole formé par une succession de barres foncées, ce que l'on appelle le «code-barres», est imprimé par le fabricant sur l'emballage de l'article. Il sera lu automatiquement lors du passage à la caisse par un crayon à lecture optique ou par un scanner à laser. Sorte de terminal micro-informatique, chaque caisse est reliée à l'ordinateur central du magasin.

Plus besoin d'étiquette pour indiquer le prix du produit acheté, la simple lecture du code-barres suffit à déclencher la recherche de cette donnée dans la mémoire électronique. Un gigantesque fichier recense en effet le détail de chaque article: son libellé (par exemple, boîte de petits pois), ses caractéristiques éventuelles de conditionnement (conserve de 500 grammes), la marque (Cassegrain, par exemple) et le prix en vigueur au moment de l'achat (6,10 francs). Simple gadget? Certainement pas. La satisfaction du client et sa curiosité ne constituent que la partie visible d'un formidable enjeu.

«C'est une question de vie ou de mort, explique un des responsables de METRO, à Nanterre. Le monde de la distribution est devenu un véritable Far-West. La concurrence est sévère et nous nous battons sur des marges bénéficiaires très étroites. Or, nous ne gagnerons plus beaucoup sur les conditions d'achat auprès des fournisseurs. Il nous faut donc améliorer nos coûts de gestion interne. C'est la seule solution.»

La symbolisation des produits jointe à l'informatique offre justement de nombreuses perspectives intéressantes dans cette direction. Tout d'abord, elle permet d'économiser tous les coûts liés au marquage des produits. Plus besoin de déballer les produits un à un pour y apposer une étiquette. Avec le code-barres, il suffit d'indiquer au client le prix de chaque article au moyen d'une affichette placée sur le rayon et de l'enregistrer dans la mémoire de l'ordinateur. Ce qu'une personne peut faire en

quelques minutes, alors que l'étiquetage mobilise plusieurs employés pendant de longues heures.

Le gain est donc sérieux. Sans compter que l'on évite les erreurs et les oublis liés au marquage manuel et que l'on supprime la «démarque inconnue» – nom pudiquement donné à la fauche par changement d'étiquettes. Du même coup, on évite aussi la recherche en rayon du prix de la boîte de petits pois dont l'étiquette s'est décollée ou a été oubliée. Finies les longues files d'attente aux caisses. Le travail de la caissière se trouve allégé, simplifié et donc plus performant. L'automatisation permet souvent d'augmenter leur productivité d'environ 30%. Autrement dit, deux caissières suffisent là où il en fallait trois auparavant.

Les gains de productivité sont si importants qu'ils suffisent dans la majorité des cas à justifier l'investissement. Mais on peut aussi aller plus loin dans la logique du système en développant une politique commerciale agressive. La «valse des étiquettes» à la hausse ou à la baisse devient en effet une opération simple et rapide. Le concurrent d'en face est-il plus compétitif sur le camembert? Il suffit de quelques minutes pour modifier le prix enregistré en mémoire et l'afficher sur le rayon.

La gestion s'affine, les stocks sont plus stables, plus sains et les rayons toujours bien approvisionnés. «On peut gagner jusqu'à 10% des frais de gestion», estime un des responsables de METRO, qui s'est informatisé voilà plus de dix ans. «Quand on doit gérer plus de 30 000 articles référencés, le flair ne suffit plus.» D'autant que, s'il veut négocier des conditions de vente intéressantes avec ses fournisseurs, un distributeur a tout intérêt à maîtriser parfaitement le niveau de ses ventes. On est bien loin du petit commerçant de quartier qui se contente de travailler avec un papier et un crayon.

Alix Hoang, *Science et Vie Economie*, avril 1985

Exploitation du texte

1 Peut-on justifier les investissements énormes demandés par l'informatisation et la robotisation?
2 La révolution électronique va-t-elle toujours dans l'intérêt du consommateur?
3 Discutez: «La technologie n'est pas infaillible.»

17D: Thème

A NEW SYSTEM FOR HIRING OUT RECORDS

A new record-hire shop where all transactions are handled by computer has just opened in Rheims. The most striking feature of its computer system is the use of the bar code which is affixed not only on the records but also on membership cards. The first time the customer comes to the shop, he pays an enrolment fee and fills in a form with his name and address. He is then issued with a membership card in the shape of a small plastic rectangle on which a bar code has already been printed. When the information on the form has been fed into the computer, the customer chooses his records and takes them to the counter.

On the back of each record there is an identification number which was printed on it, again as a bar code, before the record was first put into circulation. When the cashier reads this bar code with a light pencil, the class, reference number and fee for the record appear simultaneously on the computer screen. The cashier now only has to read a bar code displayed on the counter to instruct the printer to issue an itemised bill. Once this sum is paid, the cashier slips the records into a plastic bag which he hands over to the customer together with his membership card.

Lexique

la location de disques	*sous forme de*	*la mise en circulation*
un système informatique	*introduire qch. dans un ordinateur*	*à l'aide de*
les droits d'inscription		*n'avoir plus qu'à*
délivrer une carte	*la face arrière*	

18 TELECOMMUNICATIONS

18A: Texte d'introduction

MINITEL: UNE REVOLUTION DANS LA COMMUNICATION

Ils seront près de 3 millions à la fin de l'an prochain à utiliser une étrange petite boîte: un écran noir et blanc relié à un clavier que l'on branche sur une prise de téléphone, un Minitel. L'expérience, par ses dimensions, est unique au monde. Dans ce domaine précis de la télématique, la France possède une avance de plusieurs années sur tous les grands pays industrialisés.

A la question: «Un Minitel pour quoi faire?» on obtient des dizaines de réponses: chercher un numéro de téléphone (mais pas encore pour tous les départements), consulter les horaires d'avion (mais pas encore sur toutes les lignes) ou de chemin de fer, jouer, suivre des cours de français, d'anglais, vérifier son compte en banque (pour certaines banques), chercher des informations, toutes sortes d'informations, économiques, politiques, locales, nationales. Plus simplement communiquer. Mais pas, hélas, pour un prix modéré. Bref, la célèbre révolution de la communication est, avec ce nouveau média, arrivée. Comment se fait-elle? Qui sont ces «nouveaux révolutionnaires»?

On sait, bien sûr, que les possesseurs de Minitel sont à 54% des cadres moyens et supérieurs. Pour le reste, et bien que la Direction générale des télécommunications, qui est à l'origine de cette affaire, suive son développement sur le terrain avec tous les moyens d'investigation les plus modernes, un certain flou demeure. D'où l'intérêt du colloque organisé par la Fondation «communication demain» qui se tient à Paris ce mardi – le premier du genre. Il fera le bilan, justement, de tous les aspects de l'utilisation du Minitel dans deux secteurs clés de la communication et de l'information, la publicité et la presse quotidienne.

Car la vraie question est aujourd'hui de savoir si, oui ou non, la presse, une certaine forme de presse en tout cas, devra passer sur écran. La réponse, en l'état actuel des choses, est normande: s'il s'agit d'adapter l'écrit traditionnel sur Minitel, certainement pas, la lecture, au sens fort du terme, ne s'accommodant pas d'un écran fixe. La vraie télématique, c'est différent. Aller chercher une information précise – un résultat de match de football ou d'élections, les cours de la Bourse et dix mille autres choses – n'importe quand, sans sortir de chez soi ou de son bureau, alors oui. Le progrès, là, est formidable. Et ne fait que commencer.

Daniel Garric, *Le Point*, 15 avril 1985

18B: Texte de compréhension

LA NOUVELLE NUMEROTATION TELEPHONIQUE: UNE SECONDE POUR TOUT BASCULER

23 heures, le vendredi 25 octobre. Au centre de coordination installé au central Murat à Paris, M. Louis Mexandeau, ministre des PTT, appuie sur un bouton rouge. Il envoie ainsi un signal aux 1700 centraux du réseau téléphonique français. Immédiatement est faite sur chacun d'eux une opération longuement répétée: manœuvre d'une clef ou d'un interrupteur pour les centraux électromécaniques, envoi d'un ordre au clavier pour les centraux électroniques. En une fraction de seconde, le réseau téléphonique bascule dans une ère nouvelle, celle des huit chiffres. Vingt-trois millions d'abonnés changent de numéro, opération d'une ampleur sans précédent dans le monde.

Le simple geste d'un ministre, relayé par quelques milliers d'autres, concrétise des années de travail. Les études préliminaires ont commencé vers 1970, et c'est en 1978 que la décision a été prise de ce changement d'ensemble de la numérotation téléphonique, qui double en pratique le nombre de numéros utilisables, et permet

d'éviter une pénurie interdisant le raccordement de nouveaux abonnés, pénurie dont les premiers signes étaient attendus dès la fin de cette année.

Au cours de ces années, il a fallu adapter ou remplacer tous les centraux téléphoniques, écrire de nouveaux programmes, prévenir tous les installateurs qui raccordent au réseau des installations privées, de la borne d'appel au complexe standard d'entreprise. Il a fallu former les quelque 50 000 agents des télécommunications qui ont participé aux préparatifs – 22 000 d'entre eux sont sur le pied de guerre ce vendredi soir. Il a fallu enfin avertir les Français qu'on allait bouleverser leurs habitudes.

Tout se passe sans la moindre perturbation, et les communications en cours à 23 heures n'en sont pas le moins du monde affectées. De l'autre côté de la vitre qui les sépare des invités, les ingénieurs du centre de coordination s'affairent. Grand manitou de l'opération, M. Denis Fraysse, délégué général à la nouvelle numérotation, qui prépare depuis sept ans ce vendredi soir, a appelé sa femme suivant les deux systèmes, juste avant, puis juste après l'heure fatidique. Il a constaté que les huit chiffres ne passaient pas avant 23 heures, et qu'ils étaient indispensables après. C'était attendu. Ce qui vient ensuite l'était moins.

Une chose était de faire basculer 1 700 centraux à la même seconde dans le nouveau système, une autre de vérifier que tout fonctionnait bien. Sur chacun des centraux commence dès 23 heures l'exécution d'une batterie de tests: appels de certains numéros, en local et en interzonal, vérification que les services d'urgence (pompiers, police. . .) restent accessibles, contrôle de tous les organes vitaux du central. Ces tests achevés, le central prévient la direction opérationnelle dont il dépend, et une information est entrée sur le réseau d'ordinateurs qui a depuis plusieurs mois permis le contrôle de tous les essais préliminaires.

Reçue au centre de coordination Murat, cette information est traitée, puis visualisée sur une carte de France. Chaque région apparaît en rouge tant que 75% de ses centraux n'ont pas annoncé le succès des tests. Elle est bleue jusqu'à 85%, jaune jusqu'à 95%, verte au-dessus. A 23 h 30, toute la province est verte. Les gros centraux parisiens demandent un peu plus de temps, et ce n'est qu'à 23 h 42 que Paris verdit complètement. Moins de trois quarts d'heure ont suffi, à la grande surprise des responsables, qui ne s'attendaient pas à des résultats aussi rapides. Peu après minuit, M. Fraysse estime que ce sont les nombreuses répétitions et la motivation des agents qui ont permis de faire cette vérification à vitesse record.

Le dimanche 27 octobre, le taux d'appels incorrects liés à la nouvelle numérotation n'était que de 15%, loin des taux supérieurs à 30% qui avaient été envisagés par les responsables de la nouvelle numérotation comme pouvant être acceptés sans encombre par le réseau. Dans les trois quarts des cas, les abonnés rectifiaient d'eux-mêmes, sans faire appel aux 36–11 et 36–12, où ils peuvent trouver des renseignements. Les vérifications faites au long du week-end ont montré que 98,5% des installations téléphoniques privées – qui ne fonctionnent guère qu'aux heures ouvrables – étaient bien adaptées à la nouvelle numérotation. Ce lundi 28 octobre à l'heure de pointe (11 h 30), l'écoulement du trafic était normal.

Maurice Arvonny, *Le Monde*, 28–29 octobre 1985

Etude du texte

A Répondez aux questions suivantes:

1 Quel acte le ministre des PTT a-t-il accompli le 25 octobre? Et avec quel résultat?

2 De quelle «ère nouvelle» s'agit-il? Et quelle section de la population a été affectée?

3 Depuis quand datent les études sur le changement de la numérotation téléphonique?

4 Pour quelle raison une nouvelle numérotation était-elle devenue nécessaire?

5 Quels sont les travaux qu'il a fallu réaliser afin de mettre en place le nouveau système?

6 Et quelles sont les deux sortes d'instruction qu'il a fallu transmettre?

7 L'opération de changement s'est-elle passée sans incident?

8 Comment Monsieur Fraysse a-t-il vérifié le succès de cette opération?

9 Expliquez brièvement la façon dont les tests ont été exécutés.

10 Comment a-t-on utilisé les cartes en couleur pour indiquer le succès des tests?

11 A quoi Monsieur Fraysse a-t-il attribué la rapidité de l'exécution des tests?

12 Les abonnés français ont-ils mis du temps à s'adapter à la nouvelle numérotation du réseau téléphonique?

B Faites le plan du texte.

C Résumez-le en 230 mots.

18C: *Exercice de compréhension aural*

UN NOUVEAU SYSTEME DE COMMUNICATION D'ENTREPRISE

Questions
1 Describe the new facility available on Thomson's latest business communication system.
2 Why has this facility been incorporated into the new system? What additional facility has been provided?
3 What tasks will the OPUS 4000 perform in offices?
4 What technical advantages does this system offer?
5 How does this system operate outside working hours?
6 How are the written and oral messages taken?
7 Where will the first systems be installed? How successful is Thomson in selling abroad?
8 Are company heads eager to install these systems? Why (not)?
9 Are these systems intended to reduce manpower levels? Explain fully.
10 To what extent is Thomson involved in the installation of its systems?
11 How well is the Thomson Group doing on the communications market? Give the relevant figures.
12 What interest has the People's Republic of China shown in telecommunication systems?

Lexique

effleurer to touch lightly

une touche key (on an instrument)

basculer to switch over to

une messagerie message exchange

aboutir to get through

un standard switchboard

les données (f, pl) data

un fichier file

un fil wire, line

brancher to plug in, connect

la quincaillerie hardware

un combiné receiver

l'Elysée (m) the Elysée palace

un central (telephone) exchange

se tailler to carve out for oneself

un col blanc white collar worker

peser sur to influence, have an effect upon

emmagasiner to accumulate, store up

éventuellement possibly, should the case arise

miser sur to bet, count on

Texte

UN NOUVEAU SYSTEME DE COMMUNICATION D'ENTREPRISE

Pour atteindre un autre bureau de votre entreprise, vous effleurez une touche du nouveau «communicateur» Thomson. Votre correspondant est déjà en train de parler mais votre nom apparaît sur un petit écran placé en haut de son récepteur. S'il ne peut interrompre sa communication, l'appel bascule automatiquement sur une messagerie où vous laissez votre texte. Dès que votre correspondant raccrochera, il prendra connaissance de votre message. Ce service va être l'un des plus appréciés du «communicateur», des sondages ayant établi que dans les entreprises un coup de téléphone sur quatre seulement aboutissait. De chaque poste on peut aussi envoyer directement des télex, sans passer par le standard.

OPUS 4000 constitue le système de communication d'entreprise entièrement numérique ultra-moderne permettant de faire circuler dans tous les bureaux des textes, des images et des données informatiques. D'un bureau à un autre, on peut faire passer sur les écrans le document sur lequel on travaille. On peut parler avec un client en consultant le fichier informatique des stocks. Tout cela à partir d'un simple fil téléphonique. On peut brancher dessus tous les appareils déjà en service dans l'entreprise (les ordinateurs et les télécopieurs), l'OPUS 4000 supprimant une grande partie de la «quincaillerie» qui s'accumule sur les bureaux. Et on anticipe sur le futur, les claviers gardant par exemple des touches pour les évolutions technologiques de la prochaine décennie.

Naturellement, le combiné «téléphone-vidéotexte» permet de laisser des textes à la messagerie écrite. Après les heures ouvrables, si un avion ou un train a eu du retard, il est possible de poursuivre l'activité, ce qui est utile lors de la conclusion d'un contrat ou de la préparation d'un salon. Les messageries vocales ou écrites ne sont accessibles que par ceux qui disposent du code d'accès. A noter que tous les postes fonctionnent «les mains libres», l'intensité du son étant réglée au gré de chacun.

Les premiers systèmes que va installer Thomson le seront à l'Elysée, qui veut changer son vieux central, et à l'ambassade de France à Washington. D'ailleurs le «communicateur» a été lancé hier en même temps en France et aux Etats-Unis où Thomson commence pour plusieurs de ses produits à se tailler une part du marché non négligeable (déjà 15% du marché des télécopieurs).

Aux Etats-Unis comme en Europe occidentale, les chefs d'entreprise recherchent les moyens d'augmenter la productivité des cols blancs, dont le coût s'accroît et pèse sur la compétitivité des produits. Le but est de réduire partout les coûts de gestion et de service ainsi que ceux de production dans les ateliers. Le «communicateur» répond à cet objectif mais pourra poser des problèmes d'emploi. Le secrétariat électronique a l'avantage d'être disponible 24 heures sur 24, les messageries vocales par exemple peuvent emmagasiner 40 heures de communication.

Thomson vendra naturellement les appareils mais assurera éventuellement les installations. Pour quatre mille lignes, le «communicateur» est compétitif avec les systèmes traditionnels mais beaucoup plus coûteux pour les petites installations. A l'étranger, et notamment aux Etats-Unis, des accords ont été passés avec des firmes de distribution. Il a été indiqué hier que les activités communication du groupe Thomson ont connu une progression de 50% par rapport à l'an passé et donneront cette année un chiffre d'affaires de l'ordre de 15 milliards de francs dont 40% à l'exportation.

Les dirigeants de la firme misent beaucoup sur ce nouveau produit, ainsi que sur le radiotéléphone et ses développements franco-allemands. Le ministre de l'Economie de la République populaire de Chine, qui a déjà commandé cent mille lignes téléphoniques à la Belgique, a demandé à voir fonctionner la semaine prochaine en France les centraux publics fabriqués par Thomson.

Charles Haquet, Le Figaro, 14 septembre 1983

Exploitation du texte

1 Faites le bilan des moyens de communication employés dans les entreprises.
2 Rédigez un rapport sur la révolution bureautique.
3 Pourquoi existe-t-il aujourd'hui un tel besoin de communiquer?

18D: Thème

TELEPHONING ON THE MOVE

The telephone is gradually invading the last corners of everyday life. After the cordless telephone which can be carried anywhere in the house, the car telephone is all the rage nowadays in Paris while the aeroplane telephone has recently been developed in the United States. The car telephone is connected to the national telephone network and operates just like other telephones. This modern means of communication, which has become indispensable for today's executive, consists of a normal telephone and a transmitter-receiver which is generally placed in the boot of the car. Subject to being within the reception area, the driver can use the telephone to make as well as receive calls.

The aeroplane telephone is very easy to use. The passenger simply slips his credit card into a machine which provides him in return with a cordless telephone for use in his seat. Making a telephone call in a jumbo jet at high altitude is obviously quite expensive but the market looks like being a large one. According to a recent survey, 20–30% of jumbo jet passengers will use these telephones. For the time being, each aircraft will be equipped with only four telephones (two in the First Class and two in the Tourist Class), but it is planned to increase this number in the near future.

Lexique

les derniers recoins	un réseau téléphonique	n'avoir qu'à
le téléphone sans fil	un émetteur-récepteur	fournir en échange
le téléphone de voiture ou d'avion	sous réserve de	en altitude
	la zone de couverture	on prévoit de

19 LE TOURISME

19A: Texte d'introduction

LA NOUVELLE STRATEGIE DU CLUB MEDITERRANEE

Pour le **directeur** du secteur Europe-Afrique, M. Jacques Giraud, le Club Méditerranée va **continuer de** «répondre aux besoins» de ses clients. Devant l'Association **Professionnelle des Journalistes de Tourisme**, M. Giraud a affirmé que le Club **n'hésiterait pas, si le besoin** s'en fait sentir, à emmener ses clients «dans des petits **sous-marins pour aller voir** les poissons de plus près».

La nouvelle stratégie du Club Méditerranée consiste, en effet, à tenter d'attirer de nouveaux clients par de nouvelles formules. Ainsi est-il proposé de plus en plus de circuits, en Afrique, en Amérique Centrale, en Asie. Poursuivant son expérience informatique (100 000 «gentils membres» ont été initiés dans 24 villages l'an dernier), le Club Méditerranée a mis au point cette année, pour son village espagnol de Marbella, des «semaines informatiques» destinées aux professions médicales mais qui devraient être étendues à l'avenir à toutes les professions libérales.

Si la progression de la société présidée par M. Gilbert Trigano continue dans le monde entier, le développement est stoppé en France depuis deux ans, même si celui-ci reste encore – et de loin – le marché le plus important. Cette stagnation inquiète les dirigeants du Club Méditerranée qui accusent de «publicité mensongère» certains de leurs concurrents qui ont copié l'idée – et même parfois le nom de «club» – sans offrir les prestations promises (sportives, culinaires, etc.) par le Club, ce qui leur permet de pratiquer des tarifs inférieurs.

Pour accentuer son image de village familial et effacer un peu celle de fête permanente qui lui est encore attachée, le Club Méditerranée espère annoncer prochainement l'ouverture d'un village, sur la Costa Brava espagnole, que les familles pourraient rejoindre en voiture, diminuant ainsi les frais de voyage (généralement par avion jusqu'à présent).

En France, pour répondre à la formidable demande pour la neige, le Club ouvrira un village à l'Alpe d'Huez. Deux autres villages sont actuellement en cours de négociation: La Plagne et Val d'Isère. Pour ce dernier, il s'agirait d'une reconstruction, en plus grand, de celui actuellement installé dans le centre de la station. Enfin, pour les amateurs de ski de fond, une bonne nouvelle: le village de Pontresina en Suisse, partiellement détruit par un incendie, sera reconstruit et ouvrira à Noël.

Carrière Commerciale, 4 avril 1985

19B: *Texte de compréhension*

LA FRANCE GASPILLE SON TOURISME

Le mal français continue de faire des ravages. Persuadés qu'ils habitent le plus beau pays du monde, les Français jugent inutile de le faire savoir. Les étrangers qui se précipitent dans l'Hexagone pourraient, à première vue, leur donner raison: l'an passé, ils étaient un peu plus de trente millions sur nos côtes ou à l'intérieur des terres. Tous ensemble, ils ont dépensé 53 milliards de francs. La manne touristique tombe du ciel. Pourquoi se décarcasserait-on? Tout simplement pour rester dans la course au soleil et aux loisirs. En Europe, la concurrence est devenue féroce entre la Riviera, la Costa del Sol, voire les îles grecques et la Côte d'Azur ou la Bretagne. Les Français n'ont pas encore réagi: leur budget de promotion touristique à l'étranger est l'un des plus faibles du monde.

«C'est l'étranger qui achète la France et non la France qui lui vend ses produits touristiques.» Celui qui laisse tomber ce constat est un orfèvre. Depuis un quart de siècle, Gilbert Trigano, PDG du Club Méditerranée, attire dans ses villages de vacances des touristes du monde entier. Les Allemands, les Américains, les Japonais . . . il connaît. Il vient même de rédiger un long rapport sur «les aspects économiques de l'industrie du tourisme». En revanche, eux, ils ignorent tout ou presque tout de la France. Hormis les images d'Epinal: le Gay Paris, la tour Eiffel, les châteaux de la Loire, la French Riviera . . .

Mais comment pourrait-il en être autrement? La France vit sur un gisement touristique naturel et elle laisse faire la nature. Les Français ne daignent pas s'abaisser dans des opérations de propagande pour leurs vertes vallées, leurs plages de sable fin, leurs quatre étoiles ou leurs gîtes ruraux. Si un étranger décide avec sa petite famille de passer ses vacances en France c'est qu'il en a vraiment envie. Pour Gilbert Trigano, c'est tout bonnement «le fruit du hasard». Dans cette course aux devises du soleil ou de la neige, les Français oublient le principal: la publicité.

«Nous sommes loin des sommes consacrées par nos concurrents à cette action, insiste Edith Cresson, le ministre du Tourisme. Cette année nous aurons dépensé 5 millions de francs environ en publicité auxquels il faut ajouter l'effort spécifique sur les Etats-Unis, d'un montant à peu près équivalent, soit au total 10 millions de francs. Ce n'est plus négligeable mais nous sommes encore loin du compte si l'on considère les dépenses de nos concurrents.» Par exemple, l'Espagne a dépensé en publicité plus de 100 millions de francs à l'étranger et son budget annuel de promotion est cinq fois plus important que celui de la France. Un petit pays comme l'Irlande dépense en frais de promotion et de publicité trois fois plus que nous . . .

«Il est impératif de rattraper au moins partiellement notre retard, ajoute Edith Cresson. La publicité joue désormais un rôle moteur dans les choix du consommateur touristique. Il n'est plus de mise de mettre en doute son efficacité.» Au ministère du Tourisme, on est décidé à sortir de cette langueur et à jouer du tam-tam publicitaire. Avec un objectif: ne plus se contenter de vendre (mal) de la neige et du soleil mais promouvoir des produits touristiques adaptés à une clientèle internationale de plus en plus exigeante et de plus en plus sollicitée par les pays concurrents.

Le tourisme se développe en France «par hasard», il faudra sûrement attendre quelque temps avant que chacun prenne conscience que cette activité doit s'imposer par nécessité. L'an dernier, l'excédent de la balance touristique a atteint 22,5 milliards de francs. Un record appréciable quand un pays cherche à combler le déficit de sa balance des paiements. Et une performance qui pourrait être améliorée grâce à quelques millions de francs de pub . . .

Eric Lecourt, *Le Quotidien de Paris*, 19 juillet 1984

Etude du texte

A Répondez aux questions suivantes:

1 Les Français consacrent-ils beaucoup d'argent à la promotion touristique de la France à l'étranger?

2 Serait-il urgent de changer cette situation? Pourquoi (pas)?

3 Quel est le point de vue de Gilbert Trigano? Son avis a-t-il du poids en la matière?

4 Les touristes étrangers ont-ils une connaissance approfondie de la France? Expliquez.

5 Les Français donnent-ils de la valeur à la publicité? Pourquoi (pas)?

6 Expliquez l'expression «le fruit du hasard». Comment s'applique-t-elle au tourisme en France?

7 Combien la France a-t-elle dépensé en publicité cette année? Est-ce suffisant?

8 Comparez les dépenses publicitaires de la France avec celles d'autres pays. Qu'est-ce qui ressort de cette comparaison?

9 Selon le ministre du Tourisme, comment faudrait-il redresser cette situation?

10 Quel devrait être l'objectif principal d'un tel redressement?

11 Les Français éprouvent-ils le besoin de se donner plus à fond dans la promotion touristique? Pourquoi (pas)?

12 Quelle est l'importance de la balance touristique dans l'économie française? Comment pourrait-on faire augmenter cette performance?

B Faites le plan du texte.

C Résumez-le en 210 mots.

19C: *Exercice de compréhension aural*

LE 31ᵉ SALON EQUIP'HOTEL

Questions

1 When and where was the Equip'hôtel Show held?
2 Who is Michel Crépeau? What will he do in that capacity?
3 How well represented will the hotel equipment industry be? Given the relevant figures.
4 Has the Equip'hôtel Show any serious rivals? How does this situation affect its standing?
5 How well is the French tourist industry doing abroad? How is this position being maintained?
6 How well is the French tourist industry doing at home? Give the relevant figures.
7 Which sector of the French tourist industry appears to be doing least well? Where is this situation reflected?
8 What were the findings of a survey carried out on the French hotel industry?
9 How large is the market in hotel facilities? What does it include?
10 To what extent is the food industry represented at the show? How well is it doing?
11 Where has the equipment industry made its greatest breakthrough? Give the details.
12 What new system will Michel Crépeau launch during his visit to the show? When will it come into operation?

Lexique

inaugurer to inaugurate, open

un exposant exhibitor

un intendant steward, manager

un fossé gap, gulf

les propos (m, pl) words, remarks

une récrimination accusation, complaint

se traduire dans to be conveyed, expressed in

un indice indication, sign

une percée breakthrough

un excédent surplus

un semestre half-year, six-month period

le produit intérieur brut gross domestic product

marquer le pas to mark time

rentable profitable

englober to include, incorporate

la cuisson cooking

les recettes (f, pl) receipts, revenue

la télématique telematics, computerized telecommunications

une progression progress, advance

une taille size

Texte

LE 31ᵉ SALON EQUIP'HOTEL

Le 31ᵉ Salon Equip'hôtel s'est ouvert hier à la Porte de Versailles pour une durée de huit jours. Michel Crépeau, le ministre du Tourisme, du Commerce et de l'Artisanat, inaugurera mardi ce Salon qui est devenu une véritable institution du monde du tourisme. «Tout le monde y vient», constate son organisateur.

Plus de 1 000 exposants sont réunis à la Porte de Versailles, représentant 30 pays et 1 500 marques. Ils recevront la visite de cafetiers, d'hôteliers, d'intendants d'hôpitaux, et de responsables de cantines scolaires ou militaires. Il est vrai, le Salon Equip'hôtel n'a pas vraiment de concurrent direct sur le Vieux Continent, son seul rival potentiel se situant à Chicago.

Dans ces conditions, le Salon est considéré comme un véritable baromètre de la santé du secteur touristique. Il a, d'ailleurs, souvent permis de mesurer le fossé qui existe entre les propos régulièrement alarmistes des professionnels et leurs investissements de modernisation. On saura donc, dans une semaine, si les récriminations et les déceptions de l'été se traduisent dans la stratégie commerciale des hôteliers et des restaurateurs.

Plusieurs indices font pencher vers les hypothèses optimistes. L'industrie touristique française fait une percée record à l'étranger. L'an dernier, la balance des paiements touristiques a enregistré un excédent de 22 milliards de francs, en hausse de plus de 80%. La performance paraît bien se confirmer pour le premier semestre de cette année. Les chaînes hôtelières françaises s'implantent de plus en plus hors des frontières, et cette stratégie n'est pas réservée seulement aux hôtels de quatre étoiles et de grand luxe.

Les Français dépensent aussi beaucoup chez eux: l'an dernier, ils ont consacré au tourisme 350 milliards de francs, soit 9% du produit intérieur brut. Evidemment, les hôtels profitent de ces dépenses, mais les restaurants et les cafés en bénéficient aussi. Seule la restauration collective semble marquer le pas aujourd'hui, et cela se traduit déjà sur les achats d'équipements.

Parmi les facteurs négatifs, il faut toutefois rappeler que l'industrie hôtelière française semble aujourd'hui moins rentable. Selon l'étude d'un consultant spécialisé, les résultats bruts se sont détériorés dans l'hôtellerie de haute et de moyenne gamme. Malgré cela, l'équipement hôtelier constitue un marché considérable, que l'on estime en général à près de 40 milliards de francs. Ce chiffre d'affaires englobe l'activité des producteurs de matériels de cuisson, de vaisselle et de manutention.

Il faut ajouter aussi le secteur alimentaire qui travaille de plus en plus avec les professionnels hôteliers et les restaurateurs. Quarante firmes alimentaires qui exposent au Salon disent réaliser plus de 5 milliards de francs avec la restauration.

Mais la percée la plus nette pour cette industrie d'équipement est enregistrée à l'exportation. Les recettes sur les marchés étrangers, réalisées avec l'ingénierie et le matériel touristique, ont doublé en quatre ans: l'an dernier, elles ont atteint plus de 6 milliards de francs.

Dans les années qui viennent, un des enjeux de ce marché est, évidemment, le développement de l'informatique et de la télématique, notamment en liaison avec la progression des chaînes hôtelières intégrées. Michel Crépeau lancera ainsi, au cours de sa visite au Salon, le premier système de réservation télématique hôtelière destiné à couvrir l'ensemble des régions et des hôtels, quelle que soit leur taille. Les professionnels y auront accès dès janvier prochain et les particuliers vers le mois de juin.

Yannick Le Bourdonnec, *Les Echos*, 15 octobre 1984

Exploitation du texte

1 Faites le bilan de l'industrie hôtelière française d'aujourd'hui.
2 Rédigez un rapport sur l'avenir du tourisme français.
3 Quels bénéfices peut-on tirer d'une foire ou d'un salon?

19D: *Thème*

SOMETHING NEW IN THE TOURIST TRADE

A new travel agency was opened last week, right in the middle of Paris. The Agence Atlas is a holiday supermarket which combines the advantages of a help-yourself brochure service with practical advice from a team of specialists. Enormous coloured signs guide you through a maze of counters and displays offering Mediterranean seaside resorts, weekends in Normandy or Brittany, mountain hikes and winter sports in the Alps or Pyrenees, not to mention taking the waters at Vichy, charter flights to North America or cruises to exotic lands. If you require further information about your chosen destination, you can put all your questions to a specialist on the area who will tell you what packages are available and the price range.

However, the most striking innovation is undoubtedly the free guarantee which the Agence Atlas offers its customers. According to the terms of this contract, the Agency undertakes to compensate you for any services which have not been provided. Hotels 'right on the beach' which leave you thirty minutes walk from the sea, 'luxury flats' which turn out to be prefabricated annexes, in short all those cases of misleading advertising which adorn the travel firms' tempting brochures. Should you happen to find yourself in this situation, the Agence Atlas further undertakes to offer you a 5% reduction on your next holiday, up to a ceiling of 1000 francs.

Lexique

associer à	*l'éventail des prix*	*les pieds dans l'eau*
un self-service de brochures	*aux termes de*	*la publicité mensongère*
une cure thermale	*fournir des prestations*	*dans la limite de*
un forfait		

20 L'ENVIRONNEMENT

20A: *Texte d'introduction*

LA ZONE PIETONNIERE DE RENNES

L'été a trouvé le centre de Rennes en chantier pour étendre le domaine des piétons à la place de la Mairie et à deux rues, très commerçantes, de part et d'autre de la place. Aux alentours du 15 septembre, lorsque les chantiers en cours seront achevés, le domaine du piéton s'étendra à 19 000 m^2 et la capitale bretonne remontera au hit-parade des villes-piétonnes. Aujourd'hui, le charme des voies piétonnières n'agit que sur la moitié de ce plateau. Et la poursuite de cette «piétonnisation» n'a pas été accueillie sans remous.

Sur le principe même des voies piétonnes, seuls quelques riverains ont exprimé leur désaccord. Mais le refus de la municipalité de construire un parking souterrain sous la place des Lices, lieu du plus grand marché rennais, a servi de détonateur au mécontentement des commerçants du centre. Très vite, le ton a monté entre les élus et les représentants du commerce de détail, en particulier au cours d'une soirée mémorable à l'hôtel de ville.

L'actuelle municipalité peut justifier d'une belle continuité dans sa politique d'aménagement du centre-ville. Au point d'être accusée par ses adversaires de vouloir supprimer le trafic automobile au profit des transports collectifs avant même de songer aux piétons. Lorsqu'elle remporta les élections de 1977, une seule rue piétonne existait et développait 880 m^2 de dalles. La quasi-totalité des aménagements pour les piétons et notamment la place de l'Hôtel-de-Ville (5 800 m^2) procède donc des choix. Elle a voulu relier les deux côtés de la Vilaine par un cheminement piétonnier empruntant les rues les plus commerçantes au nord et au sud de la rivière et traversant près de la grande poste un espace de 2 000 m^2 qui constituera le terminus d'un grand nombre de lignes de bus, et le domaine mixte piétons-transports collectifs.

Aux détracteurs et aux sceptiques, la municipalité peut en outre opposer les comptages effectués avant et après la transformation des rues. Rue Vasselot, dans la plus ancienne rue piétonne de Rennes, créée sous la municipalité Fréville en 1975, la circulation des piétons a augmenté, six ans plus tard, de 100% aux heures de pointe; rue Lafayette, l'augmentation a été de 25% de 1978 à 1981, de 36% cette année.

Michel Bihan, *Ouest-France*, 24 août 1982

20B: *Texte de compréhension*

LES ECARTS EXTRAVAGANTS DU PRIX DE L'EAU

D'une ville à l'autre, le prix de l'eau témoigne d'une formidable inégalité entre les Français. 7,85 francs le prix du mètre cube d'eau au lieu de 3,50 francs dans la commune voisine de Trappes: l'injustice est si flagrante qu'elle est en passe de provoquer une véritable fronde chez les habitants d'Elancourt, dans les Yvelines. Depuis six mois, trois mille familles refusent de payer leur eau courante deux fois plus cher que celle de leurs voisins. A tel point que la justice s'est emparée du dossier. Le greffe du tribunal d'instance de Rambouillet vient d'adresser aux quatre cents premiers abonnés réfractaires des «sommations à payer». Le maire socialiste, Alain Danet, a pris, lui, fait et cause pour ses administrés: il vient de signer un arrêté interdisant les coupures pour quelque cause que ce soit. Le ministre de l'Environnement, Michel Crépeau, a été saisi de cette affaire, d'autant plus délicate à régler qu'elle prend aujourd'hui valeur d'exemple. Car les disparités de prix sont bien loin d'être exceptionnelles.

Question: pourquoi pareils écarts, alors qu'on pourrait fort bien imaginer – comme pour l'électricité – un tarif unique sur tout le territoire? Malgré le solide argumentaire qu'ils ont bâti pour y répondre, les marchands d'eau n'aiment pas trop qu'on les «titille» sur cette question. Rien d'étonnant: depuis que la distribution de l'eau a échappé à la vague des nationalisations de l'après-guerre, les deux «grands» de la profession, la Compagnie Générale des Eaux et la Société Lyonnaise des Eaux et de l'Éclairage – qui approvisionnent plus d'un Français sur deux – sont sur la sellette. Attaques d'associations de consommateurs, déclarations d'élus en colère, voire condamnations, comme au début de cette année, à des amendes pour entente illicite: les actes d'accusation pleuvent de toute part. Principal grief retenu contre ces sociétés privées: leur responsabilité dans les écarts extravagants du prix de l'eau.

Pourtant, dans ce domaine, chaque maire est en principe maître du jeu. Il peut gérer l'eau lui-même, la donner en gérance ou l'affermer à des sociétés privées. Seulement, c'est cette dernière solution que les communes choisissent le plus souvent. «Les marchands d'eau possèdent une compétence et un personnel qu'un grand nombre de communes ne peuvent avoir. Ce n'est donc pas un hasard si ces distributeurs privés se sont implantés dans la plupart des villes moyennes», constate un expert du ministère de l'Intérieur. La compétence n'explique pas tout. Il est vrai aussi que, très longtemps, la réglementation fiscale a favorisé le recours aux sociétés privées. Certes, cette situation privilégiée a pris fin. Mais, grâce à ces anciennes dispositions, ces sociétés se sont assuré un grand nombre de marchés: près de la moitié des villes françaises sont sous contrat avec les distributeurs privés.

Ici commence la polémique. Bien entendu, que le consommateur soit livré par sa commune ou par une société cotée en Bourse n'a pour lui pas d'importance. Mais, en 1976, un rapport de la Cour des comptes semble démontrer le contraire: dans les communes gérées par les sociétés privées, l'eau est de 20 à 30% plus chère qu'en régie municipale.

Depuis, les deux grands se défendent pied à pied. Non sans arguments. «Soyons sérieux. S'il existe des écarts de prix si importants, réplique Jean-Jacques Prompsy, directeur commercial de la Lyonnaise, ils viennent essentiellement du poids des investissements. Les communes urbaines ont réalisé leurs installations depuis longtemps, la plupart des équipements sont amortis, leur coût ne pèse donc plus sur le prix de revient de l'eau.» A l'inverse, dans les zones rurales, la consommation faible et des investissements récents conduisent à un prix du mètre cube forcément plus élevé. Et Pierre Faisandier, président du syndicat des distributeurs, ajoute: «De plus, il y a des raisons techniques. Forages ou transports coûteux, exploitation d'un cours d'eau au lieu de nappes souterraines inexistantes (c'est le cas en Bretagne), frais d'assainissement: tout cela explique aussi qu'il existe presque autant de tarifications différentes que de communes.» Admettons. Mais on a du mal à comprendre des écarts aussi importants que ceux de deux villes voisines comme Elancourt et Trappes.

C'est pour obtenir une explication plus limpide de ces incohérences que Michel Crépeau a demandé à un groupe de travail ses conclusions sur le sujet d'ici à la fin de l'année. A charge alors pour le ministre de fixer les conditions d'une harmonisation du prix de l'eau au niveau régional.

Roland Mihaïl, *Le Point*, 9 novembre 1981

Etude du texte

A Répondez aux questions suivantes:

1 Pour quelles raisons les habitants d'Elancourt refusent-ils de payer leur eau courante?

2 Le maire d'Elancourt a-t-il approuvé la décision du tribunal d'instance dans cette affaire?

3 Qu'est-ce qui rend cette affaire particulièrement délicate?

4 Est-il possible de comparer la distribution de l'eau à celle de l'électricité? Pourquoi (pas)?

5 Quelle est l'importance du secteur privé dans la distribution de l'eau en France?

6 Quelles sont les principales accusations portées contre les sociétés privées?

7 Qui est responsable de la distribution de l'eau dans une commune? Et quels sont les choix possibles?

8 Quelle est la solution préférée dans la plupart des cas? Pour quelles raisons?

9 Le choix du distributeur d'eau importe-t-il vraiment au consommateur?

10 Comment Jean-Jacques Prompsy défend-il les distributeurs privés?

11 Pierre Faisandier soutient-il ou s'oppose-t-il à cet argument? Pour quelles raisons?

12 De quelle façon le ministre de l'Environnement est-il intervenu dans cette affaire? Et dans quel but?

B Faites le plan du texte.

C Résumez-le en 250 mots.

20C: *Exercice de compréhension aural*

LA POLLUTION AUTOMOBILE

Questions

1 How serious a problem is car pollution in France today?
2 What anti-pollution measures did the United States introduce in the seventies? Why?
3 How did France respond to West German intentions to bring in similar measures?
4 What are the arguments in favour of a common European approach?
5 Is lead pollution considered worse than pollution from gas? Why (not)?
6 Which areas are worst affected by lead pollution? How has this pollution been tested?
7 Is it possible to avoid contamination from lead? What were the findings of an EEC inquiry into this matter?
8 What tests can be carried out to demonstrate this point?
9 Which people are most affected by this type of contamination? To what extent are they aware of it?
10 Are the authorities prepared to implement health and safety measures to counter the effects of pollution? Why (not)?
11 How seriously should current concern about pollution be taken?
12 What immediate steps should France take? Why?

Lexique

un rejet discharge

un déchet waste

ronger to wear away, eat into

embrumer to cloud over

un pot d'échappement exhaust pipe

les émanations toxiques poisonous fumes

offusquer to offend

chauvin chauvinistic

un polluant pollutant

prendre le large to clear off, move away

un prélèvement sample

un dépôt de plomb lead deposit

la plombémie presence of lead in the blood

lester to fill, cram with

la rentabilité profitability

se chiffrer to add up to, amount to

une exigence demand, requirement

relever de to be a product of, derive from

prendre les devants to take the initiative, make the first move

dommageable harmful, prejudicial

Texte

LA POLLUTION AUTOMOBILE

Aujourd'hui encore l'automobile cause bien des dommages sur la santé de la population et occasionne bien des dégâts sur notre environnement. Ses rejets et ses déchets nous empoisonnent. Ils rongent nos monuments, embrument l'air des villes, et ravagent nos forêts.

Dans les années 70, alors que toutes les conséquences de la pollution automobile étaient encore mal connues, les Etats-Unis ont pris des mesures draconiennes. Il leur fallait rapidement faire face à la dégradation de l'air dans les grandes villes, telle que la fameuse brume de Los Angeles, par exemple. Ils ont donc mis en circulation une essence sans plomb leur permettant d'installer sur les véhicules des pots catalytiques, c'est-à-dire des pots d'échappement spéciaux qui filtrent toutes les émanations toxiques.

D'autres pays comme le Canada, le Japon, la Suède, se sont engagés dans la même voie. Depuis peu, la RFA a exprimé son intention d'adopter très vite les mêmes réglementations. Immédiatement, la France a élevé un concert de protestations officielles et offusquées. Les voix ministérielles ont demandé à nos voisins allemands d'ajourner leur projet au nom de la «solidarité européenne». Une telle décision, prise unilatéralement par la RFA, ne sera pas sans poser de réels problèmes à la communauté. Elle créera des difficultés d'échanges de circulation des véhicules (tourisme et transports) et surtout de concurrence économique.

Il serait d'ailleurs préférable que ce type de décisions soit pris par l'ensemble des pays membres, car la pollution de l'air n'est nullement chauvine. Contrairement aux polluants gazeux, qui se dispersent dans l'air, le plomb se dépose sur le sol: à proximité immédiate, dans les 100 ou 200 mètres, puis sur l'ensemble du territoire national, enfin il prend carrément le large et s'expatrie chez nos voisins qui nous expédient le leur.

Il existe pour ce genre de pollution des lieux privilégiés: les bordures de routes et d'autoroutes, par exemple. En y effectuant des prélèvements, on constate que les dépôts de plomb sur les parties extérieures des légumes sont de trois à douze fois plus importants qu'ailleurs. L'homme qui évolue dans un tel environnement ne peut échapper à la contamination. D'une façon ou d'une autre, il avale une bonne partie du plomb craché par les autos. Selon une enquête italienne effectuée pour la CEE, 30% de la charge de plomb que l'on trouve dans le corps humain vient de l'essence.

Si, à titre d'expérience, on suit une même population avant et après la construction d'une route ou autoroute, on mesure des augmentations importantes de plombémie. Ce phénomène est d'autant plus marqué qu'on réside ou qu'on évolue à proximité de voies à fort trafic. Si vous habitez au-dessus d'un carrefour, si vous travaillez huit heures par jour dans un centre-ville: bonjour les dégâts! Sans que cela n'apparaisse forcément sur votre balance, tous les jours vous serez un peu plus lesté.

Il est vrai que certaines décisions qui concernent particulièrement la sécurité ou la santé des gens coûtent parfois cher. Il est vrai qu'en terme de rentabilité immédiate les profits ne sont pas forcément visibles sur-le-champ. Il est vrai qu'à chaque progrès dans le domaine de la sécurité on a entendu le même chant des sirènes: est-ce bien raisonnable? Est-ce bien utile?

Il est vrai aussi que la pollution coûte cher et quand on parle santé on parle aussi argent. Mais ces économies-là ne se chiffrent qu'après. Faut-il attendre que tous les dangers évoqués s'aggravent ou soient devenus irréversibles pour agir? Les ravages sur les forêts européennes ne cessent de s'étendre. Doit-on, sous prétexte que l'automobile ne serait pas le principal agent d'acidification des pluies, ne rien faire et complètement passer sous silence les responsabilités de la voiture dans la pollution des villes?

Quand les constructeurs automobiles et les pétroliers admettront-ils que ces exigences sur la qualité du cadre de vie de l'environnement ne relèvent pas d'une mode passagère mais sont des besoins importants qui se font jour? Faut-il attendre que d'autres pays européens prennent les devants et fassent des choix qui nous contraindront à prendre des retards considérables et très dommageables pour notre économie? C'est pourquoi il serait souhaitable que la France, dès l'an prochain, mette en circulation de l'essence sans plomb.

Que Choisir?, janvier 1985

Exploitation du texte

1 Quels problèmes la croissance industrielle pose-t-elle à l'environnement?
2 Rédigez un rapport sur l'introduction de l'essence sans plomb dans trois ans.
3 Discutez: «La santé n'a pas de prix.»

20D: *Thème*

COASTAL PRESERVATION IN FRANCE

The Ministry of the Environment has just published the results of a survey which was carried out, during the last week of April, on a sample of one thousand people representing the French population aged eighteen and over. The questions asked were aimed at establishing the French attitude towards coastal problems. If this survey is to be believed, coastal protection is neither a passing craze nor a nostalgic dream. In fact, 82% of the French think that their coast line is underprotected while 64% consider this question to be 'very important'. It should be added that this keen interest in the coast line is shared by all sections of the population.

Far from wanting to restrict the plans to protect the coast line, 52% of those questioned think that the land under threat should be bought by the Government or a National Association. Furthermore, 67% of French people are even convinced that the preservation of the coast line should not be limited to the immediate proximity of the seashore but be extended several miles inland. Most French people feel personally involved in these questions: 74% of them say that they would be prepared to give up their time to support this cause, and 55% would give financial help. No matter what people may say, the French have got the ecology message.

Lexique

le littoral	*si l'on en croit*	*dans les terres*
auprès d'un échantillon de	*une mode passagère*	*se sentir concerné par*
avoir pour but de	*se limiter à*	*quoi qu'on en dise*
à l'égard de	*s'étendre à*	*percevoir un message*

List of Abbreviations

BPGF	*Banque privée de gestion financière*
BTU	British thermal unit
CdF	*Charbonnages de France*
CEE	*Communauté économique européenne*
CEO	*Centre d'études d'opinion*
CFDT	*Confédération française démocratique du travail*
CFP	*Compagnie française des pétroles (Total)*
CFTC	*Confédération française des travailleurs chrétiens*
CGC	*Confédération générale des cadres*
CGT	*Confédération générale du travail*
CSL	*Confédération des syndicats libres*
EdF	*Electricité de France*
FNAC	*Fédération nationale des achats des cadres*
FO	*Force ouvrière*
FOB	Free on board (*franco à bord*)
GdF	*Gaz de France*
GENCOD	*Groupement d'Etudes de Normalisation et de Codification*
HEC	*(Ecole des) Hautes études commerciales*
INSEE	*Institut national de la statistique et des études économiques*
PAB	*Point d'accès bancaire*
PAM	*Port autonome de Marseille*
PC	*Parti communiste*
PDG	*Président-directeur général*
PME	*Petite et moyenne entreprise*
PTT	*Poste, télécommunications, télédiffusion*
RATP	*Régie autonome des transports parisiens*
RFA	*République fédérale allemande*
SECAM	*Séquentiel à mémoire (procédé TV)*
SERNAM	*Service national des messageries de la SNCF*
SICOB	*Salon interprofessionnel de la communication et de l'organisation du bureau*
SMIC	*Salaire minimum interprofessionnel de croissance*
SNCF	*Société nationale des chemins de fer français*

SNECMA	*Société nationale pour l'étude et la construction des moteurs d'avion*
SOFRETU	*Société française d'études et de réalisation de transports urbains*
TEP	*Tonne d'équivalent pétrole*
TF1	*Télévision française 1*
TGV	*Train à grande vitesse*
TRO	*Tarification routière obligatoire*
TTC	*Toutes taxes comprises*
TVA	*Taxe à la valeur ajoutée*
UAP	*Union des assurances de Paris*
URSS	*Union des républiques socialistes soviétiques*
VO	*Version originale*
VPC	*Vente par correspondance*

Acknowledgments

The author and publishers would like to thank the following for their kind permission to reproduce copyright material:

Agence France-Presse for 'Une école nationale de l'exportation' (*Carrière Commerciale*) and 'La nouvelle stratégie du Club Méditerranée' (*Carrière Commerciale*); *Les Echos* for 'Un plan de restructuration' by Honoré Berard, 'La guerre des satellites de communication' by Valérie Lecasble, 'Le futur avion de combat européen' by Didier Pavy, 'Les objectifs du port autonomie de Marseille' by Gilles Bridier, 'Enquête sur le niveau de vie' by Adrien Popovici, 'La création d'un nouveau moyen de paiement' by Patrick de Jacquelot, 'Renault: échec de l'accord-cadre' by Michèle Lecluse, and 'Le 31ᵉ Salon Equip'hôtel' by Yannick de Bourdonnec; Editions de la Fonction Commerciale for the following reproduced from *Carrière Commerciale*: 'Le boom de la vente par correspondance' by Bernard Amara, 'Le comité France-Chine' by Gilles Forestier, 'L'Ecu: une monnaie pour l'entreprise' by Gilles Forestier, and 'Une nouvelle formule de publicité dans les parkings parisiens' by Frédéric Delmotte; Excelsior Publications for 'La distribution à l'heure de l'informatique' by Alix Hoang, from *Science et Vie Economie*; *L'Express* for 'Le krill est l'avenir de l'homme' by Sylvie O'Dy, 'L'industrie du ski dévisse' by Sophie Decosse, 'Du nouveau sous le soleil' by Sylvie O'Dy, 'La survie de l'industrie ferroviaire' by Agnès Rebattet, 'L'ouverture de la frontière franco-allemande' by Michel Jacques, 'Le charme français se vend bien' by Barthélémy, and 'Les sondages d'écoute entrent dans une nouvelle ère' by Philippe Aubert; *Le Figaro* for 'L'avenir de la Basse-Normandie' by Jean-Pierre Cressard, 'La deuxième révolution de l'agriculture' by Daniel Tracet, 'Les risques du froid' by Edouard Thévenon, 'Le métro de l'an 2000' by Henri-Paul Kern, 'La région Rhône-Alpes à la conquête du Japon' by Yves Leridon, 'Débat sur le développement du micro-ordinateur en France' by Vincent Kram, and 'Un nouveau système de communication d'entreprise' by Charles Haquet; Groupe Expansion for the following reproduced from *L'Expansion*: 'Peut-on refuser une mutation?' by Rémy Dessarts, 'Les entreprises se mettent aux langues étrangères' by Vincent Beaufils, 'La vie fragile des quotidiens' by Jean-Louis Servan-Schreiber, and 'L'informatisation de la société' by Joël de Rosnay; Informations Françaises Immobilières Commerciales for 'Le Centre Commercial de Mériadeck' by Brigitte Ducasse, from *Compus*; Institut National de la Consommation for the following reproduced from *50 Millions de Consommateurs*: 'Bataille pour un hypermarché' by Serge Wojcieckowski, and 'L'indice des prix' by Christian Colcombet; *Libération* for 'Le charbon français n'échappe pas à la baisse' by François Feron; *Le Monde* for 'Les vertus des grands travaux' by François Grosrichard; 'Le succès d'Airbus: 25% à 30% du marché pour la France' by Jean-François Augereau and Bernard Guette, 'Un accord qui se veut exemplaire pour les relations Nord-Sud' by B. Dethomas and D. Junqua, 'La grève des douaniers: la coupe était pleine' by J.-M. Durand-Souffland, and 'La nouvelle numérotation téléphonique: une seconde pour tout basculer' by

Maurice Arvonny; *Le Nouvel Economiste* for 'Les vignerons de Roaix-Ségueret' by Victor Franco, 'EdF veut équilibrer ses comptes' by Jean-Michel Caroit, 'La bataille des chèques de voyage' by Jean-Marie Biais, and 'La vogue des stages' by Jean-François Polo; *Le Nouvel Observateur* for 'La campagne «Acheter français»'; *Ouest-France* for 'La zone piétonnière de Rennes' by Michel Bihan; *Le Point* for 'Les PDG les plus stressés du monde' by Gilles Gaetner, 'La bataille du rail et de l'air' by Jean-Pierre Adine, 'La reconversion d'une usine condamnée' by Dominique Audibert, 'Le marketing téléphonique explose en France' by Frédéric Lewino, 'Minitel: une révolution dans la communication' by Daniel Garrie, and 'Les écarts extravagants du prix de l'eau' by Roland Mihaïl; *Le Quotidien de Paris* for 'Enquête sur les femmes cadres', 'Concorde met ses habits neufs' by Philippe Dutertre, and 'La France gaspille son tourisme' by Eric Lecourt; *Revue des Deux Mondes* for 'Pour une nouvelle approche de l'entreprise' by Michel Drancourt; Union fédérale des consommateurs for 'La pollution automobile' from *Que Choisir?*; and *Valeurs Actuelles* for 'Les problèmes de l'édition' by Michel Kempinski.

The author and publishers also wish to thank Keith Gibson for photographs on pages 90, 130 and 138; all other photographs were taken by the author.